Una 4ª ración de
SOPA DE POLLO PARA EL ALMA

Una 4ª ración de SOPA DE POLLO PARA EL ALMA

Más relatos que conmueven el corazón y ponen fuego en el espíritu

Jack Canfield
Mark Victor Hansen
Hanoch McCarty
Meladee McCarty

HCI Español

**Un sello de
Health Communications, Inc.
Deerfield Beach, Florida**

*www.hcibooks.com
www.chickensoup.com*

Opiniones sobre la obra

"Jack Canfield y Mark Victor Hansen lo lograron de nuevo. ¡Otra extraordinaria ración de *Sopa de pollo para el alma*!"

Rick Dees
Weekly Top 40

"Nunca tendremos demasiada *Sopa de pollo para el alma*. Los fascinantes relatos de esta cuarta ración lo harán regresar por más y más porciones de amor, esperanza y estímulo."

Rudy Ruettiger

"Eleve su alma y su espíritu. *Una 4a ración de sopa de pollo para el alma* lo llenará de amor, alegría, cordialidad y buenos sentimientos respecto a usted, su futuro y otras personas."

Lou Tice
autor, conferencista y educador internacional,
Personal Coaching for Results: How to Mentor and Inspire Others to Amazing Growth.

"*Una 4a ración de sopa de pollo para el alma* es sencilla, alentadora y una lectura obligada para cualquier persona. Una lectura obligada para todos."

Fran A. Tarkenton

"*Una 4a ración de sopa de pollo para el alma* es el espejo perfecto del amor, la sabiduría y la inspiración dentro de todo ser humano. ¡Léalo y no lo olvide!"

Cathy Lee Crosby
autora, *Let the Magic Begin*

"Acerca de *Una 4a ración...* Como siempre, Jack y Mark capturaron la esencia del amor y la comprensión entre los seres humanos. Poco después de perder a mi padre y extrañándolo tanto, "Sobre los padres y la paternidad" logró revivir en mi memoria muchas, muchas sonrisas que papá y yo compartimos. Agradezco a mis estrellas de la buena suerte que cada vez que mi papá y yo nos separábamos, nos abrazábamos y besábamos con entusiasmo, orgullo y alegría."

Vin Di Bona
productora de *America's Funniest Home Videos*

Contenido

3. SOBRE LOS PADRES Y LA PATERNIDAD

4. SOBRE LA ENSEÑANZA Y EL APRENDIZAJE

5. SOBRE LA MUERTE Y EL MORIR

8. SABIDURÍA ECLÉCTICA

Agradecimientos

Para escribir, recopilar y editar este cuarto volumen de *Sopa de pollo para el alma* requerimos de dieciocho meses. Ha sido una tarea regocijante, aunque siempre difícil, y quisiéramos dar las gracias a todas las personas cuyas contribuciones la hicieron posible.

A nuestras familias: Georgia y Patty, Christopher, Oran, Kyle, Stephanie, McAllister, Shayna Liora, Ethan, Melanie y Elisabeth, quienes una y otra vez nos dieron su amor, sus ideas, sus consejos acerca de la redacción de los relatos, sus sugerencias editoriales y su continuo apoyo emocional.

A Heather McNamara, nuestra editora en jefe, quien coordinó el proyecto de este libro. Fue de gran ayuda en todas y cada una de las etapas: en la recopilación, la edición, la mecanografía, el orden, la elección de las citas y en hacer que todo se mantuviera en su lugar, en medio de un caos constante.

A Nancy Mitchell, quien siempre encontró las pepitas de oro entre los miles de relatos que seleccionamos y por su increíble eficacia y perseverancia para obtener los permisos necesarios.

A Patty Aubery, quien supervisó todos los aspectos de la producción, coordinó al equipo y logró que El Grupo Canfield de Capacitación siguiera a delante durante una época de cambios continuos.

A Kim Kirberger, nuestra nueva directora editorial, quien leyó más de tres mil relatos para ayudarnos a terminar este libre en su etapa final.

A Ro Miller, por manejar una buena parte de nuestra correspondencia y nuestra comunicación telefónica con muchos de nuestros colaboradores, y por ser la primera persona en leer muchos de los relatos.

A Veronica Romero, Lisa Williams, Michelle Adams, Julie Barnes y Trisha Holland, por mantener el fuerte mientras el resto de nosotros escribía y corregía.

A Teresa Spohn, quien llevó la agenda de Jack y ayudó con la captura en las cruciales etapas finales.

A Jean Ruby, por pasar horas enteras mecanografiando, enviando la correspondencia y haciendo llamadas telefónicas; localizando a los autores y obteniendo los permisos; organizando los horarios de Meladee y Hanoch para que se ajustaran al agotador proceso de la escritura; y ayudándolos a cumplir sus tareas.

A Leona Green, Sidney Simon, Eric Speiss, Carolee Dunagan y Karen Leal, por ser los más persistantes en encontrar y enviar relatos, rastreándolos entre todas las fuentes y publicaciones posibles.

A Peter Vegso y Gary Seidler, de Health Communications, Inc., por su inagotable visión respecto a la dirección y el valor de estos libros, y por su incansable apoyo para hacer llegar estos relatos a la gente de todo el mundo.

A Christine Belleris, Matthew Diener y Mark Colucci, nuestros editores de Health Communications, Inc., quienes, con un enorme cuidado consiguieron que nuestro trabajo alcanzara el mayor grado de excelencia posible.

A Trudy Klefstad, de Office Works, por pasarse la noche mecanografiando, en las etapas finales de la preparación del manuscrito.

A Arielle Ford y Kim Weiss, nuestros publicistas, quienes siguen promoviendo la serie de *Sopa de pollo*.

Un profundo agradecimiento a todas aquellas personas especiales que leyeron los relatos y nos dieron su opinión. En medio de sus cientos de ocupaciones, encontraron el tiempo y la energía para revisar cerros de historias y evaluarlas con su punto de vista único. Sin ellos no habríamos podido crear un libro de tan alta calidad. Representan a todas las regiones de Estados Unidos y una amplia variedad de orígenes étnicos y profesionales: Virgie Binford, Clara Boyle, Diana Chapman, Leslie y Marty Cohen, Rose Marie Cortez, Lizann Cruz-Hinds, Delores Ehrlich, Mel Ehrlich, Sarah Eisenberg, Joan Frey, Carolyn Gardner, Dora Graye, Norman Green, Leona Green, Julie A. Greenman, Mike Grogan, Susan Milchin Grossman, Donna L. Hanson, Shayna Liora Hinds, Mitchell Hinds, Sandy Holland, Tom Huntington, Rebecca Jacobson, Mary Ellen Klinc, Jennifer M. Krumm, Marianne Larned, Donna Loesch, Lulu Lopez, Aileen Nitta, Bruce Nitta, Cindy Palajac, A. Gringa Parnussa, Dave Potter, Dave Rabb, Ann C. Richards, Fred Richards, Elizabeth Sabo, Judith Salzburg, Jack Schlatter, Shelly Seddon, Victor Schmenge, Lois Veen, Hilda Villaverde, Glennis Weatherall, Jackie Wenger, Mike Wenger, Maureen Wilcinski y Steven Zacker.

Nuestro reconocimiento a todas las miles de personas que enviaron historias, poemas y citas para su posible inclusión. Sentimos mucho no haber podido usar todo el material que nos enviaron. Muchos relatos eran de una calidad y una sensibilidad tan maravillosas, que nos hicieron en verdad difícil el proceso de selección. Gracias por haber compartido con nosotros sus sentimientos y sus puntos de vista.

Debido a la enormidad de este proyecto es probable que hayamos omitido el nombre de algunas de las personas que nos ayudaron a lo largo del camino. Si fue así, lo lamentamos. Por favor, queremos que sepan que a todas las apreciamos de verdad.

Estamos sinceramente agradecidos con todas las manos y corazones que hicieron posible este libro. ¡Los queremos mucho a todos!

Introducción

Todos somos una historia. Cuando yo era niña, la gente se sentaba alrededor de la mesa de la cocina y narraba sus historias. Ya no lo hacemos tanto. Sentarse a la mesa a narrar historias no es sólo una forma de pasar el tiempo. Es la manera en que se transmite la sabiduría, nos ayuda a vivir una existencia que valga la pena recordar. A pesar del tremendo poder de la tecnología, muchas personas siguen sin vivir muy bien. Necesitamos volver a escuchar las historias de los demás.

Rachel Naomi Remen

Todos tenemos una historia. Sin importar cómo nos ganamos la vida, cuánto dinero tenemos en nuestra cuenta bancaria o cuál es el color de nuestra piel, todos tenemos una historia. Cada uno de nosotros tiene una historia, ya sea a la vista o guardada en su interior. Se nos anima a creer que nuestro pasado, nuestras circunstancias, tanto físicas como emocionales, y nuestras experiencias, son nuestra historia. Nuestra proyección mental de la historia de nuestra vida abarca lo que percibimos que es verdad respecto a nosotros mismos y nuestras posibilidades.

La vida en la que uno nace no es necesariamente su destino. Todos tenemos el poder de reescribir nuestra historia, de volver a repartir los papeles de los personajes del drama de nuestra vida y de reformar la dirección de las acciones del personaje principal, es decir, las nuestras. Lo que determina antes que nada el resultado de nuestra vida es la manera en la que respondemos ante cada situación. ¿Preferimos ser héroes o víctimas en el drama de nuestra vida?

Las buenas historias, al igual que nuestros mejores mentores, nos abren puertas. Son experiencias únicas que contienen alguna reflexión ligada a disparadores emocionales que atrapan nuestra atención y se quedan en nuestra memoria. Estas historias pueden liberarnos de ataduras a decisiones pasadas y nos permiten tener una mejor comprensión de nosotros mismos y de las oportunidades que tenemos frente a nosotros. Una historia en verdad buena nos habilita para reconocer las opciones que tenemos a nuestro alcance y para ver nuevas alternativas que tal vez nunca antes percibimos. Puede permitirnos intentar (o por lo menos considerarlo) tomar un nuevo camino.

Muchas de las personas que conocerá en estas páginas proporcionan un modelo a seguir de actos incondicionales de bondad y amor, de gran valor y prudencia, de fe cuando la norma sería el cinismo, un sentido de esperanza respecto a lo que el mundo tiene para ofrecer y la inspiración para buscarlo por nosotros mismos.

Usted se remitirá una y otra vez a algunas de las historias porque su mensaje es de consuelo y estímulo. Otros relatos le inspirarán a compartirlos con su familia, sus amigos y sus colegas.

Cómo leer este libro

Hemos tenido la fantástica oportunidad de recibir retroalimentación de lectores de todas partes del mundo. Algunos de ellos nos han dicho que obtienen el mayor valor si leen nuestros libros de principio a fin. Otros profundizan en algún capítulo específico que les interese más. La mayoría nos comenta que le funciona mejor leer sólo uno o dos relatos de una vez y luego dedicarse a saborear los sentimientos y lecciones que ellos evocan. Nosotros le aconsejamos que se tome su tiempo y deje que cada relato lo afecte a un nivel profundo. Pregúntese cómo podría aplicar en su vida las lecciones aprendidas. Adopte cada historia como si en verdad le concerniera, como si en verdad pudiese lograr la diferencia en su vida.

Recopilar estos relatos ha requerido de mucho trabajo, pero consideramos que hemos seleccionado setenta y cinco gemas. Ojalá que le gusten tanto como a nosotros. Deseamos que le produzcan lágrimas, risas, reflexión, alivio y fortaleza.

Esperamos poder influir en su vida de alguna manera con estos modelos de gente común que realiza cosas extraordinarias para que lo guíen en su trayectoria. Deseamos que en las páginas de este libro haya un relato que contenga la llave de alguna puerta que necesite abrir en su vida.

Jack Canfield, Mark Victor Hansen,
Hanoch McCarty y Meladee McCarty

De un lector anterior

Estimados señores:

Les escribo desde una base militar en Panamá para darles las gracias por su maravilloso libro y para relatarles el impacto que tuvo en mi vida y en la de aquellos con quienes lo compartí.

Estaba solo en mi habitación de hotel una noche después de trabajar largas horas, cuando leí el relato "Información por favor" de *Una 3a. ración de Sopa de pollo para el alma.* No me avergüenza confesar que lloré mucho y encontré alivio en esas lágrimas. En ese momento les escribí un poema que anexo.

Más tarde compartí el libro con un infante de marina encargado de vigilar el acceso a información clasificada. Era el tercero en la seguridad armada, lo que hacía que su trabajo fuera poco exigente y muy aburrido. Por tal motivo, su oficial superior le permitió leer, pero él había olvidado traer un libro. Iba a hacer una larga guardia de doce horas, por lo que le ofrecí un ejemplar de *Una 3a. ración de Sopa de pollo para el alma* que llevaba en mi portafolios. Le advertí, no obstante, que después de leer algunas de las historias podía quedar atrapado en una catarsis emocional poco adecuada para un infante de marina.

Al finalizar nuestra guardia entré al corredor y encontré a otro infante de marina, armado, de pie junto al primero. Ambos tenían los ojos húmedos y uno de elles exclamó:

—Como que conmueve, ¿no es cierto?

El otro infante respondió:

—¡Te lo aseguro! —y se retiró. Al verme, manifestó:

—Gracias por el libro, teniente. Lo primero que haré mañana es ir a la casa de cambio a comprarme uno.

—Te dije que ahí encontrarías cosas que te harían estremecer —respondí y ambos nos dimos las buenas noches. Gracias por un libro tan grandioso. Yo se lo recomiendo a todos. He aquí el poema.

Nárrame una historia, mi corazón está vacío.
Haz que fluyan las lágrimas, mis ojos están secos.
Por mucho tiempo me ha limitado el desaliento.
Reanima mi alma, hazme volar.

Nárrame una historia, mi esperanza ha menguado.
Háblame de fe y amor.
Recuérdame que fuimos creados
para vivir en la tierra como en el cielo.

Nárrame una historia, llena mi corazón de compasión.
Abre mis ojos, he estado ciego.
Recuérdame que todos los hombres somos hermanos,
que todos deberíamos ser afectuosos y amables.

Sírveme otra ración,
más caldo de pollo para mi alma.
Animémonos los unos a los otros a amar,
y tal vez conozcamos dimensiones más elevadas de amor.

Teniente Morris Passmore,
Reserva Naval de Estados Unidos

1

SOBRE EL AMOR

Un *químico que puede extraer del elemento*
de su corazón compasión, respeto, anhelo,
paciencia, arrepentimiento, sorpresa y per-
dón, y que los puede combinar en uno,
puede crear ese átomo llamado amor.

Khalil Gibran

Un amigo por teléfono

La vida sin un amigo es la muerte sin un testigo.

Proverbio español

Incluso antes de terminar de marcar el número, de algún modo supe que me había equivocado. El teléfono sonó una, dos veces y entonces alguien tomó el auricular.

—¡Número equivocado! —contestó con brusquedad una áspera voz masculina antes de que se cortara la comunicación. Desconcertado, marqué de nuevo.

—¡Le dije que se equivocó de número! —replicó la voz. Una vez más sonó el clic en mi oído.

¿Cómo era posible que aquel hombre supiera que yo había marcado un número equivocado? En aquella época yo trabajaba en el Departamento de Policía de la ciudad de Nueva York. Al policía se le entrena para que sea curioso y para que se interese. Así que llamé por tercera vez.

—¡Oiga! —exclamó el hombre—. ¿Es usted otra vez?

—Sí, soy yo —respondí—. Me preguntaba cómo supo que me había equivocado de número antes de que yo dijera una palabra.

—¡Imagíneselo! —el teléfono enmudeció.

Me quedé ahí sentado un rato, con el auricular colgando entre los dedos. Llamé al hombre de nuevo.

—¿Todavía no se lo imagina? —preguntó.

—Lo único que me puedo imaginar es que... nunca lo llama nadie.

—¡Ahí lo tiene! —el teléfono se murió por cuarta vez. Con una risita ahogada, volví a llamar al hombre.

—¿Qué es lo que quiere ahora? —preguntó.

—Pensé llamarlo... sólo para decirle hola.

—¿Hola? ¿Por qué?

—Bueno, si nadie lo llama nunca, pensé que tal vez yo debía hacerlo.

—Está bien. Hola. ¿Quién es usted?

Por fin logré penetrar. Ahora *él* tenía curiosidad. Le dije quién era y le pregunté quién era él.

—Mi nombre es Adolf Meth. Tengo ochenta y ocho años de edad y en veinte años nunca había tenido tantas llamadas equivocadas en un solo día —ambos nos reímos.

Platicamos durante diez minutos. Adolf no tenía familia ni amigos. Todos sus más allegados habían muerto. De pronto descubrimos que teníamos algo en común, él había trabajado en el Departamento de Policía de la ciudad de Nueva York durante casi cuarenta años. Al platicarme sobre sus días ahí como elevadorista, me pareció interesante, incluso amistoso. Le pregunté si lo podía llamar otra vez.

—¿Por qué querría usted hacerlo? —preguntó sorprendido.

—Bueno, tal vez podríamos ser amigos por teléfono. Ya sabe, como los amigos por carta.

—Bueno —titubeó—, no me importaría... volver a tener un amigo —su voz sonó un tanto vacilante.

Llamé a Adolf la tarde siguiente y varias veces más. Puesto que era una persona de plática fácil me narró sus recuerdos de la Primera y Segunda Guerras Mundiales, del desastre del Hindenburg y de otros sucesos históricos. Era un hombre fascinante. Le di los números telefónicos de mi casa y mi oficina para que pudiera llamarme. Él lo hizo, casi a diario.

Yo no sólo pretendía ser amable con un anciano solitario. Platicar con Adolf era importante para mí porque yo también tenía un enorme vacío en mi vida. Educado en orfanatos y casas de crianza, nunca tuve un padre. Poco a poco, Adolf fue tomando para mí cierto tipo de importancia paternal. Le hablé de mi trabajo y de los cursos de la universidad a los que asistía por las noches.

A él le empezó a gustar el papel de consejero. Al platicarle sobre un altercado que había tenido con uno de los supervisores, le comenté a mi nuevo amigo:

—Creo que tendré que ponerle las cosas en claro.

—¿Qué prisa hay? —me previno Adolf—. Deja que las cosas se enfríen. Cuando llegues a mi edad, comprenderás que el tiempo se encarga de muchas cosas. Si el asunto empeora, *entonces* habla con él.

Hubo un gran silencio.

—¿Sabes? —declaró con suavidad—, te estoy hablando como le hablaría a un hijo. Siempre quise tener una familia e hijos. Eres demasiado joven para saber de lo que te hablo.

No, no lo era. Yo siempre había querido tener una familia y un padre. Pero no respondí nada, temeroso de no poder contener el dolor que había sufrido por tanto tiempo.

Una noche Adolf mencionó que iba a cumplir ochenta y nueve años. Después de comprar un trozo de cartón, diseñé una tarjeta de felicitación de cinco por trece centímetros con un pastel y ochenta y nueve velas. Les pedí a todos los policías de mi oficina, incluso al comisario, que la firmaran. Reuní unas cien firmas. A Adolf le agradaría mucho esto, yo lo sabía.

Ya llevábamos cuatro meses hablando por teléfono y consideré que ese sería un buen momento para encontrarnos cara a cara. Así que decidí entregarle la tarjeta en persona.

No le revelé a Adolf que iría; simplemente una mañana me dirigí a su dirección y detuve mi auto calle arriba de su edificio de departamentos.

Cuando entré en el edificio, un cartero seleccionaba la correspondencia en el corredor. Al verme buscar el nombre de Adolf en los buzones, él me lo señaló. Ahí estaba. Departamento 1H, a unos seis metros de donde yo me encontraba.

Mi corazón palpitó de la emoción. ¿Tendríamos en persona la misma química que teníamos por teléfono? Sentí el primer golpe de duda. Tal vez me rechazaría, del mismo modo que mi padre me había rechazado cuando se ausentó de mi vida. Toqué en la puerta de Adolf. Al no recibir respuesta, golpeé más fuerte.

El cartero levantó la vista de su correspondencia.

—No hay nadie —señaló.

—Sí —respondí, sintiéndome un poco tonto—. Si responde a su puerta del mismo modo en que responde al teléfono, esto me puede llevar todo el día.

—¿Es usted pariente o algo así?

—No. Sólo un amigo.

—En verdad lo siento —manifestó en voz baja—, pero el señor Meth murió hace dos días.

¿Murió? ¿Adolf? Por un momento no pude contestar. Me quedé atónito, sin poderlo creer. Entonces traté de dominarme, di las gracias al cartero y salí al sol del mediodía. Me dirigí hacia el auto con los ojos nublados.

Después, al dar vuelta en una esquina, vi una iglesia, y una frase del Antiguo Testamento saltó a mi memoria: "Amad al amigo en todo momento". Y especialmente en la muerte, comprendí. Esto me indujo a la reflexión. A menudo se necesita un repentino y triste viraje en los sucesos para que despertemos a la belleza de una presencia especial en nuestras vidas. En ese momento por primera vez percibí la amistad tan entrañable que habíamos llegado a establecer Adolf y yo. Había sido fácil, y yo sabía que eso haría que la siguiente vez, con mi próximo amigo íntimo, fuera todavía más fácil.

Sentí que poco a poco surgía la emoción de mi interior. Escuché la voz gruñona de Adolf gritando: "¡Número equivocado!". Luego lo escuché preguntarme por qué quería volver a llamarlo.

—Porque importabas, Adolf —hablé en voz alta—. Porque yo era tu amigo.

Coloqué la tarjeta de cumpleaños sin abrir en el asiento trasero del auto y me senté detrás del volante. Antes de encender el motor, miré sobre mi hombro.

—Adolf —susurré—, de ningún modo marqué un número equivocado. Te hablé a ti.

Jennings Michael Burch

Una canción de cumpleaños

Hay tres cosas importantes en la vida de todo ser humano. La primera es ser bondadoso. La segunda es ser bondadoso. Y la tercera es ser bondadoso.

Henry James

Una mañana, John Evans se coló en mi vida. Un niño de apariencia andrajosa, ataviado con prendas enormes de segunda mano y con zapatos desgastados con las suelas descosidas.

John era el hijo de unos trabajadores migratorios negros que acababan de llegar a nuestra pequeña ciudad en Carolina del Norte para la recolección de manzanas. Estos trabajadores eran los más pobres de los pobres; ganaban apenas lo suficiente para alimentar a sus familias.

Esa mañana, de pie ante nuestra clase de segundo grado, John Evans era un espectáculo conmovedor. Cambiaba de un pie a otro, mientras nuestra maestra, la señora Parmele, escribía su nombre en el libro de registro. Nadie sabía qué pensar de este burdo recién llegado, pero los murmullos de desaprobación comenzaron a correr de hilera en hilera.

—¿Qué es eso? —murmuró el niño que estaba detrás de mí.

—Que alguien abra una ventana —exclamó una niña con una risita entrecortada. La señora Parmele nos miró por arriba de sus anteojos para lectura. El murmullo cesó y ella regresó a sus papeles.

—Niños, este es John Evans —anunció la señora Parmele, tratando de parecer entusiasmada. John miró alrededor y sonrió con la esperanza de que alguien le devolviera el gesto. Nadie lo hizo. De cualquier modo, él siguió sonriendo.

Yo sostuve el aliento esperando que la señora Parmele no advirtiera el escritorio vacío junto al mío. Pero así lo hizo y le indicó a John que se dirigiera hacia ahí. Él me miró mientras se deslizaba en el asiento, pero yo aparté la vista para que no pensara que yo aceptaba ser su nuevo amigo.

Al término de su primera semana John se había instalado firmemente en el fondo de la escalera social de nuestra escuela.

—Él tiene la culpa —le aseguré a mamá una noche durante la cena—. Apenas si sabe contar.

Mi madre había llegado a conocer a John bastante bien a través de mis comentarios nocturnos. Siempre me escuchaba con paciencia, pero rara vez exteriorizaba más que un "hmmm" pensativo o un "ya veo".

—¿Me puedo sentar junto a ti? —John estaba de pie frente a mí, con su bandeja del almuerzo en las manos y una sonrisa en el rostro. Miré alrededor para ver si alguien nos miraba.

—Está bien —respondí en voz baja.

Al verlo comer y escucharlo divagar, caí en la cuenta de que tal vez parte de la mofa que se hacía de John era injustificada. De hecho, era agradable estar con él y, por mucho, era el niño más simpático que conocía.

Después del almuerzo, unimos nuestras fuerzas para conquistar el patio de recreo. Fuimos de las barras a los columpios y de ahí a la caja de arena. Cuando nos formamos detrás de la señora Parmele para entrar de regreso al salón de clases, decidí que John ya no seguiría sin tener amigos.

—¿Por qué los niños tratan tan mal a John? —le pregunté una noche a mamá mientras me cubría en la cama.

—No sé —manifestó con tristeza—. Tal vez eso es todo lo que ellos saben hacer.

—Mamá, mañana es su cumpleaños y no va a recibir nada. Ni pastel. Ni regalos. Nada. ¡Y a nadie le importa!

Mamá y yo sabíamos que cada vez que un niño cumplía años, su madre llevaba pastelillos y regalitos para toda la clase. Entre mi cumpleaños y el de mi hermana, mi mamá ya había hecho muchos viajes a través de los años. Pero la mamá de John trabajaba todo el día en los huertos. Su día especial pasaría inadvertido.

—No te preocupes —me animó mamá al darme el beso de las buenas noches—. Estoy segura de que todo va a salir bien —por primera vez en mi vida pensé que podía estar equivocada.

A la mañana siguiente, durante el desayuno, anuncié que no me sentía bien y que deseaba quedarme en casa.

—¿Tiene esto algo que ver con el cumpleaños de John? —preguntó mamá. El rubor en mis mejillas fue la única respuesta que necesitó—. ¿Cómo te sentirías tú si tu único amigo no apareciera en tu cumpleaños? —añadió con dulzura. Reflexioné por un momento y me despedí con un beso.

Lo primero que hice esa mañana fue desear a John un feliz cumpleaños; la turbación en su sonrisa me mostró que le había agradado que lo recordara. Tal vez aquel no sería, después de todo, un día tan horrible.

A media tarde casi había decidido que los cumpleaños no eran algo tan maravilloso. De pronto, mientras la señora Parmele escribía ecuaciones de matemáticas en el pizarrón, escuché un sonido familiar que venía del corredor. Una voz que yo conocía cantaba la canción de cumpleaños.

Poco después, mamá atravesó la puerta con una bandeja de pastelillos iluminados con velitas y, debajo de su brazo, un regalo muy bien envuelto y con un moño rojo.

La voz aguda de la señora Parmele se unió al canto, mientras mis compañeros me observaban pidiendo una explicación. Mamá encontró a John, que parecía un venado deslumbrado ante los faros de un auto. Colocó los pastelillos y el regalo en su escritorio.

—Feliz cumpleaños, John —dijo.

Mi amigo compartió amablemente los pastelillos con toda la clase, llevando con paciencia la bandeja de escritorio en escritorio. Descubrí a mamá mirándome. Sonrió y me guiñó el ojo cuando yo daba un mordisco a la cubierta húmeda de chocolate.

Volviendo atrás, apenas puedo recordar los nombres de los niños que compartieron aquel cumpleaños. Al poco tiempo de eso John Evans se mudó y nunca volví a saber de él. Pero cada vez que escucho esa canción familiar, recuerdo el día en que sus notas sonaron más verdaderas en el suave tono de la voz de mi madre, el brillo en los ojos de un niño y el sabor de los pastelillos más dulces.

Robert Tate Miller

Cuando Kevin ganó

La madurez comienza cuando uno puede sentir que la preocupación por los demás sobrepasa la que siente por uno mismo.

John MacNoughton

Si uno tuviera que elegir una palabra para describir a Kevin, ella podría ser "lento". No aprendió el abecedario con tanta rapidez como los demás niños. Nunca llegaba en primer lugar en las carreras que hacíamos en el patio de la escuela. No obstante, Kevin despertaba en la gente una simpatía muy especial. Su sonrisa era más brillante que el sol de junio; su corazón más grande que el cielo sobre la montaña. El entusiasmo de Kevin por la vida se contagiaba, así que cuando supo que el pastor de su iglesia, Randy, estaba organizando un equipo juvenil de basquetbol, su madre sólo pudo contestar: "Sí, puedes participar".

El basquetbol llegó a ser el centro de la vida de Kevin. Durante las prácticas se esforzaba tanto que uno podría haber pensado que se estaba preparando para el campeonato de la NBA. Le gustaba estar en determinado lugar cerca de la línea de tiro libre y tirar a la canastilla. Ahí se quedaba, paciente, tirando balón tras balón tras balón hasta que lograba pasar uno por el aro.

—Míreme, entrenador —gritaba entonces a Randy, saltando, con el rostro iluminado por la emoción del momento.

El día anterior al primer juego, Randy dio a cada jugador una camiseta color rojo brillante. Los ojos de Kevin se transformaron en verdaderas estrellas cuando vio su número 12. Se la puso y apenas volvió a quitársela alguna vez. Un domingo por la mañana el sermón se vio interrumpido por la entusiasmada voz de Kevin.

—¡Mire, entrenador! —y se levantó el suéter de lana gris para mostrar a Dios y a todos los presentes la hermosa camiseta roja.

Kevin y todo su equipo en verdad adoraban el basquetbol. Pero el hecho de que a uno le guste un deporte no lo ayuda a ganar. Caían más balones fuera de la canastilla que dentro, y los muchachos perdieron todos los partidos de esa temporada, por márgenes bastante amplios, excepto uno... el de la noche en que nevó y el otro equipo no pudo llegar.

Al final de la temporada los muchachos jugaron en el torneo de la liga parroquial. Como habían quedado en último lugar, ganaron el desafortunado honor de jugar contra el mejor equipo de la competencia; el alto e invencible equipo que estaba en primer lugar. El juego se desarrolló como se esperaba, y cerca del medio cuarto final, la quinteta de Kevin estaba unos treinta puntos abajo.

En ese momento, uno de los compañeros del equipo de Kevin pidió tiempo fuera. Al llegar a la orilla, Randy no podía imaginar por qué se había solicitado tiempo fuera.

—Entrenador —empezó el muchacho—, este es nuestro último juego y sé que Kevin ha jugado en todos los partidos pero no ha logrado meter ni una canasta. Creo que deberíamos permitir que lograra meter una canasta.

Con el juego completamente perdido, la idea pareció razonable; así que se planeó la estrategia. Cada vez que el equipo tuviera el balón, Kevin tendría que colocarse en su lugar especial cerca de la línea de tiro libre y sus compañeros le pasarían el balón. Kevin saltaba más alto que nunca al regresar a la cancha.

Su primer tiro rebotó en el aro, pero falló. El número 17 del otro equipo tomó el balón y se lo llevó al otro extremo anotando dos puntos más. Tan pronto como el equipo de Kevin recuperó el balón, se lo hizo llegar a Kevin, quien obedientemente, estaba en su lugar. Pero Kevin falló de nuevo. Esto se repitió unas cuantas veces más, hasta que el número 17 captó de lo que se trataba. Atrapó uno de los rebotes y, en lugar de correr al otro lado de la cancha, le lanzó el balón a Kevin, quien tiró... y falló de nuevo.

Al poco tiempo, todos los jugadores rodeaban a Kevin, le lanzaban el balón y le aplaudían. A los espectadores les tomó un poco más de tiempo darse cuenta de lo que estaba sucediendo, pero poco a poco comenzaron a levantarse y a aplaudir. El gimnasio entero retumbaba con el palmoteo, el griterío y el canto de "¡Kevin! ¡Kevin!" Y Kevin sólo seguía tirando.

El entrenador comprendió que el juego tenía que terminar. Miró el reloj que se había congelado faltando cuarenta y seis segundos. Los jueces estaban de pie junto a la mesa de anotaciones, vociferando y palmoteando como todos los demás. El mundo entero se había detenido, esperando y deseando por Kevin.

Finalmente, después de una infinidad de intentos, el balón hizo un rebote milagroso y entró. Los brazos de Kevin se levantaron al aire y él gritó:

—¡Gané! ¡Gané!

El reloj marcó los últimos segundos y el equipo que tenía el primer lugar siguió invicto. Pero esa noche todos salieron del juego sintiéndose verdaderos ganadores.

Janice M. Gibson
como se lo narró el reverendo Steve Goodier

14

Bella por dentro

El amor es algo maravilloso. Uno nunca tiene que quitárselo a una persona para dárselo a otra. Siempre hay más que suficiente para repartir.

Pamela J. deRoy

Una mañana soleada mientras Lisa, mi hija de dos años, y yo íbamos por la calle rumbo a casa, dos mujeres de edad avanzada se detuvieron frente a nosotras. Sonriéndole a Lisa, una de ellas le dijo:

—¿Sabes que eres una pequeña muy linda?

Suspirando y colocando una de sus manos en la cadera, Lisa respondió con voz de fastidio:

—¡Sí, lo sé!

Un poco avergonzada por la evidente presunción de mi hija, me disculpé con las dos damas y Lisa y yo continuamos nuestro camino a casa. Durante todo el trayecto traté de determinar cómo manejaría la situación.

Al llegar a casa, me senté y sostuve a Lisa frente a mí. Con dulzura le expliqué:

—Lisa, cuando esas dos damas se dirigieron a ti, se referían a que eres muy linda en el exterior. Es cierto que eres muy hermosa en el exterior. Así es como te hizo Dios. Pero una persona también tiene que ser bella por dentro —puesto que Lisa me miró sin comprender, proseguí—. ¿Quieres saber cómo es una persona bella por dentro? —ella asintió con solemnidad—. Está bien. Ser bella por dentro es algo que tú

eliges, cariño; ser buena con tus padres, ser una buena hermana con tu hermano y una buena amiga con los niños con
quienes juegas. Tienes que interesarte en otras personas, preciosa. Tienes que compartir tus juguetes con tus compañeros
de juego. Necesitas ser comprensiva y amorosa cuando
alguien está en problemas o lastimado y necesita un amigo.
Cuando uno hace estas cosas, uno es bello por dentro. ¿Com-
prendes lo que digo?

—Sí, mamá, lo siento, no lo sabía —respondió. Abrazán-
dola, le dije que la amaba y que no quería que olvidara lo que
acababa de explicarle. Nunca se volvió a tocar el tema.

Unos dos años después nos mudamos al campo e inscribí
a Lisa en un programa preescolar. En su clase había una
pequeña de nombre Jeanna, cuya madre había muerto. El
padre de la niña se acababa de casar con una mujer muy
activa, cariñosa y espontánea. Era evidente que ella y Jeanna
tenían una relación maravillosa y de amor.

Un día Lisa preguntó si Jeanna podía venir una tarde a
jugar, por lo que hice arreglos con su madrastra para llevarnos
a Jeanna a casa al día siguiente después de la sesión matutina.

Al día siguiente, al salir del estacionamiento, Jeanna
preguntó:

—¿Podemos ir a ver a mi mamá?

Yo sabía que su madrastra trabajaba, por lo que le pregunté
de buena gana:

—Claro, ¿sabes cómo llegar?

Jeanna contestó que sí y, siguiendo sus indicaciones, pronto
me encontré conduciendo por el camino de grava hacia el
cementerio.

Mi primera reacción fue de alarma, pues pensé en la posible
respuesta negativa de los padres de Jeanna cuando lo supieran. Sin embargo, era obvio que para ella era muy importante
visitar la tumba de su mamá; era algo que necesitaba hacer, y
confiaba en que yo la llevaría. Negarme le habría enviado un
mensaje de que estaba mal querer ir ahí.

Aparentemente calmada, como si todo el tiempo hubiera sabido que ahí era a donde íbamos, le pregunté:

—Jeanna, ¿sabes dónde está la tumba de tu mamá?

—Sé más o menos donde está —respondió.

Me estacioné en la entrada del área que ella me indicó y buscamos hasta que encontré una tumba con el nombre de su mamá en una pequeña placa.

Las dos pequeñas se sentaron en un lado de la tumba y yo me senté en el otro. Jeanna comenzó a platicar cómo se habían desarrollado las cosas en casa durante los meses anteriores a la muerte de su mamá, así como lo que había sucedido el día en que ella murió. Habló durante algún rato, mientras Lisa, con lágrimas escurriéndole por la cara, la abrazaba y, calmándola con palmaditas, le decía con ternura una y otra vez:

—Oh, Jeanna, lo siento. Siento mucho que haya muerto tu mamá.

Por último, Jeanna me miró y me confió:

—¿Sabes?, yo todavía amo a mi mamá y también amo a mi nueva mamá.

En el fondo del corazón, sabía que ese era el motivo por el que había querido ir allí. Sonriéndole, le aseguré:

—¿Sabes, Jeanna?, eso es lo maravilloso del amor. Uno nunca tiene que quitárselo a una persona para dárselo a otra. Siempre hay más que suficiente para repartir. Es como una banda elástica gigante que se estira para abrazar a todas las personas que quieres —y continué—. Está perfectamente bien y correcto que ames a tus dos mamás. Estoy segura de que tu mamá está muy contenta de que tengas una nueva madre que te quiera y te cuide a ti y a tus hermanas.

Sonriéndome de nuevo, pareció satisfecha con mi respuesta. Nos quedamos en silencio un rato más y después nos levantamos, nos sacudimos y nos fuimos a casa. Las niñas jugaron felices después del almuerzo hasta que la madrastra de Jeanna llegó a recogerla.

Sin entrar en detalles le narré brevemente lo que había sucedido esa tarde y por qué había manejado las cosas de ese modo. Para mi gran alivio, se mostró comprensiva y agradecida.

Cuando se fueron, tomé a Lisa en mis brazos, me senté en una silla de la cocina, la besé en la mejilla, la abracé con fuerza y le dije:

—Lisa, estoy muy orgullosa de ti. Esta tarde te comportaste como una verdadera amiga de Jeanna. Sé que fue muy significativo para ella que fueras tan comprensiva, que te importara tanto y que sintieras su tristeza.

Un par de ojos amorosos de color café oscuro miraron seriamente dentro de los míos mientras mi hija añadía.

—Mamá, ¿fui bella por dentro?

Pamela J. deRoy

Mucho más que yo

*Lo que retienes lo pierdes, lo que das lo conservas para
siempre.*

Axel Munthe

Sólo faltaban dos semanas para Navidad, y en el último lugar
en el que yo quería estar era en el hospital, recuperándome
de una cirugía. Era la primera Navidad que pasaría nuestra
familia en Minnesota, y yo quería que fuera algo memorable,
pero no de esa manera.

Durante semanas ignoré el dolor en el costado izquierdo,
pero cuando empeoró, visité al médico.

—Cálculos biliares —explicó, estudiando la radiografía—.
Suficientes como para ensartar un collar. Necesita una cirugía
urgente.

A pesar de mi protesta de que aquella era una época terrible para estar en el hospital, el tremendo dolor en el costado
me convenció de aceptar la cirugía. Mi esposo, Buster, me
aseguró que él podría hacerse cargo de todo en la casa y llamé
a algunas amigas para que me ayudaran con el transporte de
los niños. Miles de otras cosas, como las compras, la decoración
y las pastas para Navidad tendrían que esperar.

Luché por abrir los ojos después de dormir la mayor parte
de los dos días posteriores a la cirugía. Cuando estuve más
despierta, miré alrededor lo que parecía una florería navideña.
Flores rojas de nochebuena y otros ramos cubrían el pretil de
la ventana. Un montón de tarjetas me esperaban para que las

abriera. En un pedestal junto a mi cama había un árbol pequeño decorado con adornos que mis hijos habían elaborado. La repisa sobre el lavamanos contenía una docena de rosas rojas de mis padres, que vivían en Indiana, y un tronco navideño con velas de nuestro vecino. Me colmaban todo ese amor y la atención que recibía.

"Después de todo, pensé, tal vez no fue tan malo estar en el hospital en la época navideña." Mi esposo me comentó que los amigos le habían llevado comida a la familia y que se habían ofrecido a cuidar a nuestros cuatro hijos.

Fuera de mi ventana una fuerte nevada había transformado nuestra pequeña ciudad en una tierra fantástica invernal. "Los hijos deben de estar encantados con esto", pensé al imaginarlos abrigados con sus trajes de invierno haciendo un muñeco de nieve en el patio trasero o patinando en la escuela Garfield en la pista exterior de patinaje.

"¿Estarán incluyendo a Adam, nuestro hijo incapacitado?", me pregunté. A los cinco años de edad acababa de aprender a caminar solo, y me preocupaba que anduviera por ahí sobre el hielo y la nieve con sus delgados tobillos. ¿Alguien en la escuela se ocuparía de darle un paseo en trineo?

—¡Más flores! —la voz de la enfermera me sacó de mis pensamientos al entrar en la habitación con un hermoso centro de mesa. Me entregó la tarjeta mientras hacía espacio para el ramo entre las flores de nochebuena que estaban en el pretil de la ventana—. Creo que vamos a tener que enviarla a casa —bromeó—. ¡Ya no hay más espacio aquí!

—Por mí, está bien —acepté.

—¡Ay, casi olvido estas!

Sacó más tarjetas de su bolsillo y las colocó en la charola. Antes de abandonar la habitación cerró la cortina verde pálido que separaba las dos camas.

Mientras leía las tarjetas que me deseaban una rápida recuperación, escuché:

—Sí, me gustan mucho tus flores.

Levanté la vista y vi que la mujer de la cama de al lado abría la cortina para poder ver mejor.

—Sí, me gustan mucho tus flores —repitió.

Mi compañera de cuarto era una mujer pequeña de unos cuarenta años, con síndrome de Down. Tenía el cabello gris, rizado y corto, y los ojos color café. Se le había desatado la bata de hospital y le colgaba suelta alrededor del cuello; cuando se inclinó hacia adelante, su espalda quedó al desnudo. Me habría gustado amarrársela, pero aún me encontraba conectada al suero. Se quedó mirando mis flores con asombro infantil.

—Yo soy Bonnie —le dije—. Y tú, ¿cómo te llamas?

—Ginger —respondió, girando los ojos hacia el techo y apretando los labios después de hablar—. El doctor me va a arreglar el pie. Mañana me va a *op-p-eerar.*

Ginger y yo platicamos hasta la hora de la cena. Me habló de la casa-hogar en la que vivía y me dijo que quería estar pronto de regreso para la fiesta de Navidad. Jamás mencionó una familia y yo no pregunté. A cada instante me recordaba que su cirugía estaba programada para la mañana siguiente.

—El doctor me va a arreglar el pie —repetía una y otra vez.

Esa noche tuve varias visitas, incluso la de mi hijo Adam. Ginger charló alegremente con todos y no dejó de mencionar lo bonitas que eran mis flores. Pero, sobre todo, no le despegó la vista a Adam. Más tarde, cuando todos se habían ido, Ginger repitió una y otra vez, como lo había hecho con las flores:

—Sí, me gusta tu Adam.

A la mañana siguiente Ginger salió rumbo a la cirugía y la enfermera vino a ayudarme para que caminara un poco por el corredor. Se sentía bien estar de nuevo de pie.

Al poco rato regresé a mi habitación. Al atravesar la puerta el tremendo contraste entre las dos secciones de la habitación me impactó. La cama de Ginger estaba perfectamente tendida, esperando su regreso, pero no se veían tarjetas, ni flores, ni la señal de alguna visita. Mi sección estaba cubierta de flores, y el cerro de tarjetas que me deseaban una buena recuperación me hacía recordar lo mucho que se me amaba. Nadie le envió flores ni una tarjeta a Ginger. De hecho, ni siquiera la habían llamado por teléfono o visitado. "¿Es esto lo que le espera a Adam?", me pregunté, pero de inmediato aparté el pensamiento de mi cabeza. "Ya sé, decidí, le daré algo de lo mío." Me dirigí a la ventana y tomé el centro de mesa con velas rojas y ramilletes de acebo. "Aunque", pensé mientras regresaba la pieza a su lugar, "se verá precioso en nuestra mesa la noche de Navidad." Y ¿qué tal las flores de nochebuena? Entonces pensé que esas plantas de color rojo profundo alegrarían la entrada de nuestra casa de fines del siglo pasado. "Y, claro", pensé, "no puedo desprenderme de las rosas de mamá y papá, puesto que no los veremos este año en Navidad."

Las justificaciones siguieron llegando: que las flores empiezan a marchitarse, que mi amiga se ofenderá, que esto me servirá mucho cuando regrese a casa. No me podía separar de nada. Entonces me trepé a mi cama aplacando mi sentimiento de culpa con la decisión de llamar a la tienda de regalos del hospital cuando abriera por la mañana y ordenar algunas flores para Ginger.

Cuando Ginger regresó de la cirugía, una mujer con un traje a rayas le trajo una pequeña guirnalda verde de Navidad con un moño rojo. La colgó sobre la cama de Ginger en la pared blanca desnuda. Esa noche tuve más visitas, y aunque Ginger se estaba recuperando de la cirugía, saludó a todos mostrándoles orgullosa su guirnalda de Navidad.

A la mañana siguiente, después del desayuno, la enfermera regresó para anunciarle a Ginger que se iba a casa.

—La camioneta de tu hogar está de camino para recogerte —le explicó.

Sabía que la corta estancia de Ginger en el hospital significaba que estaría en casa a tiempo para la fiesta de Navidad.

Me sentí feliz por ella, pero también culpable cuando recordé que la tienda de regalos del hospital todavía tardaría dos horas en abrir.

Una vez más miré las flores que me rodeaban. "¿Me podré separar de alguna?"

La enfermera colocó la silla de ruedas junto a la cama de Ginger, quien reunió sus pocas pertenencias y tomó su abrigo del armario.

—Me dio mucho gusto conocerte, Ginger —le dije. Mis palabras eran sinceras, pero me sentí culpable por no haber llevado a cabo mis buenas intenciones.

La enfermera ayudó a Ginger con el abrigo y a sentarse en la silla de ruedas. Después retiró la pequeña guirnalda del clavo de la pared y se la entregó. Se dirigían hacia la puerta para salir, cuando Ginger exclamó,

—¡Espere!

Ginger se levantó de su silla de ruedas y cojeó hacia mi cama. Estiró la mano derecha y, con dulzura, colocó en mi regazo la pequeña guirnalda.

—Feliz Navidad —me deseó—. Eres una señora agradable —y entonces me dio un fuerte abrazo.

—Gracias —murmuré.

No pude decir nada más, mientras ella cojeaba de regreso a la silla para salir por la puerta.

Dirigí los ojos húmedos a la pequeña guirnalda que tenía en las manos. "El único regalo de Ginger", pensé, "y me lo obsequió."

Miré hacia su cama. Una vez más, su sección de la habitación estaba desnuda y vacía. Pero al escuchar el sonido de las puertas del elevador que se cerraban detrás de Ginger, supe que ella poseía más, mucho más que yo.

Bonnie Shepherd

Una experiencia espeluznante

La prueba del valor llega cuando formamos parte de una minoría.

Ralph W. Sackman

Como hija única de dos padres muy cariñosos, crecí con la idea de que la vida es buena. En especial cuando mamá me lavaba el largo cabello negro. Me gustaba porque me daba masaje en la cabeza. Pero cierto día, para horror de mi madre, un mechón de mi largo cabello se le quedó entre las manos. Pensó que había hecho algo terriblemente mal. No teníamos ni idea de que ese era el principio de una odisea que duraría nueve años.

Durante los siguientes seis años perdí grandes cantidades de pelo, y siempre buscaba la forma de ocultar mi calvicie. Ningún médico podía imaginar la causa. Se exploraron muchas teorías: alergias, deficiencia vitamínica, estrés, falta de hormonas, etc. Incluso me llevaron al hospital infantil para someterme a una serie de pruebas. Ahí me colocaron frente a doscientos estudiantes de medicina que discutirían mi caso. Junto con todas las teorías exploradas también probamos un sinnúmero de remedios, como inyecciones de cortisona en el cuero cabelludo, masajes diarios en la cabeza, megadosis de vitaminas, aceites y cremas. Pero yo seguía perdiendo más y más pelo. A los trece años estaba totalmente calva y finalmente resuelta a usar peluca. Como adolescente, aquello era algo en verdad desolador. Los niños se preguntaban si tenía alguna enfermedad contagiosa o si me estaba muriendo. Tampoco era gracioso que me llamaran "hija de Kojak" o que me dijeran "¡hola, pelona!". Yo ignoraba sus bromas o me reía con ellos, para llegar a casa donde lloraba hasta que se me secaban los ojos.

Lo peor era que esas pelucas no eran como las de ahora, por lo que resultaba obvio que no era mi cabello verdadero y la gente siempre *la* observaba en lugar de mirarme a los ojos cuando me hablaba. Por fortuna, papá y mamá me enseñaron a mantener la cabeza en alto, y a comprender que había otros niños que sufrían afecciones peores. Pero como a cualquier niña de trece años, bastante activa en los deportes y que quería ser ruda como los demás, la situación me produjo momentos bastante embarazosos. El suceso más penoso de mi vida implicó a David Lane. Yo estaba locamente enamorada de ese muchacho de quince años y cabello oscuro, hermano mayor de una de mis compañeras de juego de la iglesia.

Los domingos por la tarde todos los muchachos del grupo de la iglesia íbamos a patinar a la pista local. Esperábamos ansiosos este suceso semanal, porque nuestros padres nos dejaban solos durante tres horas. Ese domingo en particular, el juego denominado *whoopie* fue anunciado treinta minutos antes; se trata de un juego en el que tres personas patinan tomadas de las manos y cuando alguien grita *whoopie,* todos tienen que cambiar de dirección. ¡Había llegado el momento! Kimmie, David Lane y yo patinaríamos juntos. Eso significaba que tomaría la mano de David. Sólo pensar en ello hacía palpitar mi corazón. Al tercer *whoopie,* un patinador fuera de control se me vino encima, se golpeó contra mi cabeza, y mi peluca salió volando a unos quince metros de distancia sobre la pista de patinaje. Mi mortificación fue enorme cuando me vi de pie junto a David, y él me miraba totalmente calva. La pista de patinaje se paralizó completa, mientras, una de mis amigas recogió la peluca y me la colocó de nuevo en la cabeza. Con el apuro, me la colocó al revés, de tal modo que los rizos largos me colgaban sobre la nariz y el fleco quedaba en el cuello. ¡Qué espectáculo! De inmediato me rodearon mis amigas y me acompañaron al vestidor de damas para que me arreglara.

Una vez en el vestidor, no hubo quien me sacara de ahí. No quería sentir las miradas, ni escuchar las preguntas, ni, lo que era todavía peor, ver la expresión de repugnancia de David Lane. De inmediato utilicé el teléfono de los vestidores y, entre apasionados sollozos, le pedí a papá que pasara a recogerme. Ese día papá hizo una de las cosas más duras que jamás haya hecho.

—No —respondió—, te lavas las lágrimas, te arreglas el cabello y te vas a patinar el resto de la noche.

Me sentí totalmente desolada. Mi papá siempre había sido mi héroe. ¿Por qué no iba a rescatarme? Después de treinta minutos y otras tres llamadas telefónicas suplicantes, la respuesta seguía siendo la misma.

—No. Sales de nuevo y te pones a patinar.

Fue entonces, mientras estaba sentada en el piso del vestidor empapada en lágrimas, cuando apareció David Lane. Sencillamente patinó hasta el vestidor de damas, me tomó de la mano y me pidió que saliera a patinar. Me limpié la cara, mantuve la cabeza en alto y patiné el resto de la noche con el muchacho que amaba.

Algunos meses después, un médico joven me diagnosticó "alopecia" (calvicie ocasionada por una alergia a las sustancias químicas liberadas por mis propios folículos pilosos). La caída del cabello era resultado de una reacción alérgica. El médico explicó que cuando comenzara a menstruar, mi composición química cambiaría y, probablemente, volvería a tener pelo. Por fin, un nombre para lo que me estaba sucediendo y una causa lógica. A los dieciséis años empecé a menstruar y mi cabello comenzó a crecer. Seis meses después ya no tenía que usar peluca.

En la actualidad llevo el cabello oscuro hasta la cintura, en compensación a todos aquellos años perdidos. De hecho, cuando le pregunté a mi esposo qué había sido lo primero que le había llamado la atención de mí, respondió con sinceridad:

—Tu largo y hermoso cabello oscuro.

Por más de quince años no he tenido contacto con David Lane, pero si llegara a leer esto, quiero darle las gracias a él y también a mi papá. Su rescate de una niña calva de trece años transformó una experiencia espeluznante en un recuerdo de bondad y amor.

Debbie Ross-Preston

Mi dinero

—¿La puedo ayudar en algo? —pregunté.

Se trataba de uno de los dos trabajos que tenía. Pero con tal de seguir en la universidad, valía la pena. El otro trabajo consistía en hacer llamadas impersonales para ofrecer suscripciones a distintas revistas. En vista de que las llamadas se hacían entre las cinco y las diez de la noche, la mayoría de las personas consideraban la llamada una intromisión, ya fuera a la hora de la cena, a la hora de estar en familia o a ambas. Pero mi trabajo en la tienda departamental Wolfe era otra cosa. Se parecía más a un entretenimiento que a un trabajo. Ahí, mi trabajo consistía en enderezar las hileras de hermosas prendas de vestir hechas con las más finas telas de intrincados hilos entretejidos y venderlas a adorables mujeres con uñas arregladas y peinados de salón; mujeres que podían darse el lujo de comprar tales cosas.

—Claro, espero que sí —respondió esperanzada. Se trataba de una mujer hermosa de unos treinta y cinco años. Llevaba puesto un vestido ligero amarillo y sandalias; el cabello largo y ondulado color castaño rojizo le caía sobre los hombros—. Dentro de seis semanas es la reunión de la clase de mi esposo y quiero verme maravillosa para él —explicó—. Hace seis semanas vine y vi un hermoso vestido de seda color durazno. No fue sino hasta que me lo probé, cuando me percaté de lo que costaba, así que me sentí aliviada cuando el modelo reveló los kilos extra que me quedaron después del embarazo. Pero el vestido era tan hermoso que me motivó a recuperar mi figura; ahora que lo he logrado, y con la reunión a sólo unas cuantas semanas, me dije a mí misma que era mejor que empezara a buscar el vestido que usaría. Esperaba poder encontrar ese mismo vestido, aunque no creo que un vestido tan exquisito todavía siga por aquí. Pero puede ser, pensé que podría ser. O quizá tenga algo similar.

—Vamos a buscar por aquí a ver si todavía está ese vestido —respondí. Caminamos por las cuatro hileras de anaqueles de ropa perfectamente colgada, pero por ningún lado se veía el vestido que ella estaba buscando. Por el lenguaje de su cuerpo pude ver que se sentía en verdad desilusionada.

Su exhalación fue tan prolongada como su profunda inhalación.

—¡Dios mío! —exclamó, obviamente decepcionada.

—La semana pasada recibimos un envío de vestidos de seda —manifesté animándola; traté tanto de complacerla y tranquilizarla, como de serle útil—. Están por aquí, si desea verlos. Tal vez podamos encontrar algo similar o quizás uno que incluso le guste más.

La guié hasta el anaquel de los vestidos nuevos que acababan de llegar. Los recorrió lentamente, tocando con cuidado las delicadas telas con sus dedos largos y elegantes.

—¡Oh! —deploró mientras revisaba la elegante ropa—, usted debe de haber visto *ese* vestido —sus ojos se alargaron con su sonrisa. Comenzó a mirar otras cosas, pero todavía encantada con el vestido especial que había visto semanas atrás, seguía describiéndolo al detalle. De pronto se me ocurrió que quizá todavía podríamos tener un par de esos vestidos en la tienda. Para hacer espacio para el nuevo envío en nuestro departamento, se habían llevado varios artículos a otro.

—¿Qué talla es usted? —pregunté.

—Talla 6 —respondió.

—Si no le importa esperar —agregué—, voy a echar un vistazo a otro departamento. Enseguida vuelvo.

Cuando regresé, la encontré sentada en una silla esperándome pacientemente. Era obvio que el vestido de seda color durazno con botones forrados de tela era el vestido de su preferencia, y ella lo esperaría. Cuando me vio llegar con el mismo vestido que ella había descrito, se levantó, y con una mirada de asombro en el rostro, se cubrió la boca con ambas manos.

—¡Oh! —exclamó entusiasmada—. ¡Ese es! ¡Ese es el vestido!

—¡Talla 6! —afirmé y, alegre, se lo entregué—. Además está en oferta; cuarenta por ciento menos.

La mujer apenas si podía creer su buena suerte. Tomó el vestido y de inmediato desapareció en los probadores. Poco después salió para observarse en el espejo de cuerpo entero. Sin ninguna prisa, giraba para poder observarse desde todos los ángulos; escudriñó a fondo la imagen en el espejo. Tenía razón, el vestido era absolutamente hermoso, y ella resplandecía en él. Pero había algo más que la pura transformación del vestido al cambiar del gancho a su cuerpo. Ella se sentía adorable y elegante con el vestido, y su rostro irradiaba felicidad. Me miró y sonrió. No fue necesario el intercambio de palabras. Resultaba obvio que el diseñador había tenido en mente a una mujer como ella cuando ideó aquel vestido.

—Gracias, muchísimas gracias... —se inclinó para leer la inscripción en mi gafete dorado—, Bettie, y por cierto, mi nombre es Molly.

Molly pagó el vestido en efectivo; desenvolvió con cuidado un fajo de billetes, en su mayoría de pequeña denominación, contó la cantidad exacta que necesitaba para el vestido y la colocó sobre el mostrador. Yo envolví su hermoso vestido nuevo y lo introduje en una elegante bolsa de compras. Al entregárselo, Molly estiró la mano para estrechar la mía, y con una voz suave y sincera exclamó:

—Muchas gracias de nuevo por toda tu ayuda, Bettie. Estoy tan feliz de que me hayas encontrado este vestido... Estoy ansiosa por usarlo.

Estuve más segura que nunca de que, cuando me casara, yo también me esforzaría por hacer cosas para ser especial para mi marido, como ella lo hacía para el suyo. Asimismo, comprendí que ayudar a otros a sentirse tan felices era una mejor forma de ganarme la vida que interrumpir a alguien a la hora de la cena o a la hora de estar en familia para venderle una revista.

Pero la idea me duró poco.

Una noche, días después, un hombre muy atractivo llegó a mi mostrador. Puso una bolsa de compras de Wolfe sobre el mostrador y ladró:

—Es una devolución —con los labios fruncidos añadió—. En efectivo.

Abrí la bolsa y encontré un hermoso vestido de seda color durazno talla 6. Tomé la nota y, escritos a mano por mí, estaban el código de la tienda, la fecha de la venta y mi clave de registro.

—Aún tiene todas las etiquetas —una voz de mujer añadió suavemente. Levanté la vista y ahí, unos pasos atrás de él, estaba Molly, sumisa y avergonzada. Yo no comprendí.

—¡Oh! —exclamé sorprendida por la devolución del vestido—. ¿Tiene algo mal el vestido? Si es así, tenemos un departamento de costura que lo puede arreglar.

—No, el vestido no tiene nada —refunfuñó el hombre—. Nadie en su sano juicio pagaría tanto por un vestido —y continuó diciendo otras cosas con la intención de intimidar.

Hice el cambio: aquel vestido por el dinero ahorrado con tanto esmero. El hombre tomó "su" dinero, lo introdujo en su bolsillo y ordenó,

—Vámonos, salgamos de aquí —y tomó la delantera al salir.

El incidente me pareció como una escena fuera de secuencia en una película; como que no encajaba. Algo incompleto, como un rompecabezas al que le falta sólo la última pieza; como si cayera granizo en un ardiente día soleado de verano, como un árbol de Navidad con una estrella pero sin luces ni adornos, como alguien que se aparece en un banquete formal con traje de baño. Sencillamente no cuadraba. En el poco tiempo que atendí a Molly sólo vi su belleza, su naturaleza gentil y su deseo genuino de agradar a su esposo. Sin saber más, supuse que el receptor de ese amor se comportaba de un modo tal que merecía ese trato; incluso que trataría al donante de manera similar.

Durante varios días me acosaron pensamientos relacionados con tal incidente. Parecía tan abrupto, tan injusto. Lo primero que me pasó por la mente se concentró en cómo me sentiría yo si eso me hubiera sucedido a mí. Llegué a la conclusión de que yo no sólo ganaría mi propio dinero, sino que también tomaría mis propias decisiones.

Todavía incapaz de olvidar el incidente, me pregunté si él sabría todo el pensamiento que había habido detrás de esa compra. Si tan sólo hubiera sabido todo el amor que iba implícito en aquella compra, tal vez la habría dejado conservar el vestido, habría manejado la situación en forma diferente, o por lo menos habría tratado a su esposa de otro modo. Aunque tal vez no lo hubiera hecho.

Las siguientes semanas vi que el vestido estaba todavía más rebajado. Cada vez que mis ojos se encontraban con él, yo sentía cierta intranquilidad.

Días más tarde, mientras ordenaba las fichas de mercancía devuelta a nuestro departamento para pasarlas a la oficina de contabilidad de la tienda, me topé con el recibo de devolución de aquella pareja. Como si fuera algún tipo de vaticinio, el número de teléfono del señor me saltó a la vista. Decidí correr el riesgo y lo llamé a su trabajo.

—Señor —proferí—, espero no interrumpirlo. Soy la vendedora que los atendió a usted y a su esposa cuando vinieron a devolver el vestido que ella había comprado.

—Sí, la recuerdo —escuché la respuesta malhumorada—. ¿Qué se le ofrece?

—Tal vez yo le parezca inoportuna —comencé—, pero, bueno, su esposa me dio tan buena impresión, que pensé que usted debería saber... —no hubo respuesta, así que continué—, que es una mujer en verdad hermosa, y no sólo en su apariencia externa, sino en el amor y la devoción que siente por usted y su recién nacido. Me di cuenta de que a usted no le hizo nada feliz la cantidad de dinero que ella pagó por ese vestido, pero para su esposa parecía muy importante estar bella para usted y que se sintiera orgulloso de ella en su reunión. Además, se mostró muy complacida al ver que el precio tenía una rebaja sustancial —respiré profundo y continué—. Ella compró el vestido con usted en mente y ahora la prenda tiene un descuento todavía mayor. ¿No le permitiría tenerlo? —supliqué.

Me pareció tan lógico y tan simple. En un último esfuerzo por transmitir mi mensaje, añadí,

—Creo que lo que estoy tratando de decir es algo que mi padre me enseñó cuando me dijo: "Es bueno valorar las cosas que el dinero puede comprar, pero también es bueno asegurarse, de cuando en cuando, de que uno no ha perdido las cosas más preciosas de la vida que el dinero no puede comprar".

Mis esperanzas aumentaron ante lo que consideré un silencio pensativo, cuando me sentí aplastada por su respuesta.

—Tiene usted razón, es inoportuna. Y creo que mis intenciones quedaron muy claras cuando estuve en la tienda. Pero gracias por pensar en nosotros.

Con esto colgó. Nada de "hasta la vista", sólo el áspero clic del teléfono que interrumpió nuestra comunicación.

Cuando me vi despedida con tal brusquedad, me sentí rebajada, como una colegiala sin educación trabajando en una tienda de ropa. Pero estos sentimientos no duraron mucho tiempo; antes de llamarlo sabía el riesgo que corría al expresar mi opinión. Yo quería que él supiera lo que yo pensaba. En ese caso, él era el iletrado emocionalmente, no yo. Había valido la pena la llamada, aunque me hubiera gustado que las cosas tomaran otro giro.

Días más tarde, cuando llegué al trabajo, me recibió un ramo de margaritas blancas con una nota que decía: "Gracias por su consideración". La tarjeta no llevaba firma.

—¿Cuándo llegó esto? —le pregunté a Helen, mi compañera de trabajo.

—Ayer —respondió.

—¿Tienes idea de quién lo mandó?

—Supusimos que tienes un admirador secreto.

Desconcertada, inicié mis labores como de costumbre.

Estaba colgando algunos trajes cuando una voz vagamente familiar, entusiasmada, exclamó,

—¡Esperaba encontrarte aquí!

—¡Ah! Me da gusto volver a verla, Molly —respondí sorprendida. ¿Por qué no me lo imaginé antes? Claro, las margaritas eran de ella, un detalle por la rudeza de su marido.

—¡Me lo compró! —expresó alegremente. No le cabía la menor duda de que yo recordaría qué era "lo", al explotar sus palabras con obvio deleite.

Agradablemente sorprendida por la noticia, me encontré sonriendo de oreja a oreja, igual que ella.

—¡Oh!, me da tanto gusto, el vestido fue hecho para usted.

—Pero eso no es todo —prosiguió, abriendo su bolso de mano para extraer algo mientras hablaba—. De hecho, eso no es lo mejor. Se la tenía que enseñar; mire la nota que le colocó cuando me lo entregó —primero se la llevó inconscientemente al corazón, como si fuera algo infinitamente apreciado, y después me la extendió, orgullosa de compartir su felicidad.

La desdoblé con cuidado y, todavía sonriendo por su felicidad, leí la nota escrita a mano.

Querida:

Siento mucho haber permitido que la presión de mi trabajo y el querer ser un buen proveedor me hicieran perder de vista exactamente aquello por lo que trabajo. También lamento que me haya tomado tanto tiempo comprender lo mucho que te mereces este vestido. He tardado en comprender varias cosas, incluyendo lo hermosa que te verás con él. Y lo más importante es que he reconocido lo afortunado que soy al tenerte y

tener tu amor. Gracias por amarme como me amas.
Tuyo por siempre,
XOXOXO

Sentí que me miraba mientras leía en silencio y, sin embargo, eran sus ojos los que estaban bañados en lágrimas. Sin duda estaba releyendo la nota con el corazón, cada palabra memorizada, grabada para siempre en su corazón. La plenitud de su corazón me conmovió tanto como la humildad y el amor de las palabras escritas en la nota.

—Es maravilloso, Molly —exclamé, hablando con sinceridad.

—Lo mismo pensé —respondió—. Tenía que mostrártela. ¡Oye!, qué bonitas flores —manifestó mirando las margaritas junto a la caja registradora—. ¿Son de tu novio? —sin esperar una respuesta, continuó—: Mi esposo me envió ayer un ramo de rosas. En verdad amo a ese hombre.

No respondí nada. En cierta forma me pareció sabia mi decisión de no mencionar la llamada que le hice a su esposo, ni hablar sobre las margaritas blancas que me había enviado por la llamada de alerta, en agradecimiento por recordarle lo especial que era él para ella.

Corazones trabajando. Asombroso, ¿no es verdad?

Bettie B. Youngs
Condensado de Gifts of the Heart

El bigote del tigre:
cuento popular coreano

Una joven de nombre Yun Ok fue un día a la casa de un ermitaño en las montañas en busca de ayuda. El ermitaño era un sabio de gran renombre, conocido por sus hechizos y pociones mágicas.

Cuando Yun Ok entró en su casa, el ermitaño inquirió, sin quitar la vista de la fogata:

—¿Por qué estás aquí?

—¡Oh, sabio de gran fama —profirió Yun Ok—, estoy desesperada! Hazme una poción.

—Sí, sí, haz una poción. Todos necesitan pociones. ¿Podemos curar con pociones a un mundo enfermo?

—Maestro —respondió Yun Ok—, si tú no me ayudas, estoy de verdad perdida.

—Bueno, ¿cuál es tu historia? —preguntó el ermitaño, resignado a escuchar.

—Se trata de mi esposo —prosiguió Yun Ok—. Me es muy amado. Durante los tres últimos años estuvo lejos peleando en las guerras. Ahora que ha regresado, apenas si nos dirige la palabra a mí o a los demás. Si yo hablo, parece no escuchar. Cuando llega a hablar, es rudo. Si le sirvo algún alimento que no es de su agrado, lo hace a un lado y se aleja enojado de la habitación. A veces, cuando debería estar trabajando en el campo de arroz, lo veo sentado ocioso en lo alto de la montaña, mirando hacia el mar.

—Sí, a veces sucede eso cuando los jóvenes regresan de las guerras —comentó el ermitaño—. Pero continúa.

—No hay nada más que decir, erudito. Quiero una poción para mi esposo, para que vuelva a ser amable y gentil como antes.

—¡Ah! ¿Así de sencillo? —demandó el ermitaño—. ¡Una poción! Muy bien, regresa dentro de tres días y te diré lo que necesitaremos para dicha poción.

Tres días más tarde, Yun Ok regresó a la casa del sabio en la montaña.

—Ya vi de qué se trata —le indicó él—. Podemos hacer tu poción. Pero el ingrediente primordial es el bigote de un tigre vivo. Tráeme ese bigote y yo te daré lo que necesitas.

—¡El bigote de un tigre vivo! —exclamó Yun Ok—. ¿Cómo podré obtenerlo?

—Si la poción es en verdad importante para ti, tendrás éxito —respondió el ermitaño, y se volteó en señal de que no iba a hablar más.

Yun Ok se retiró a su casa. Pensó mucho respecto a cómo podría obtener el bigote del tigre. Entonces, una noche, mientras su esposo dormía, salió a hurtadillas de su casa llevando en las manos un tazón de arroz y salsa de carne. Fue al lugar en el costado de la montaña donde se sabía que vivía el tigre. Se detuvo lejos de su cueva, extendió el tazón de comida y llamó al animal para que se acercara a comer. El tigre no se presentó.

La noche siguiente Yun Ok regresó, pero esta vez se acercó un poco más. De nuevo le ofreció un tazón de comida. Cada noche Yun Ok volvía a la montaña, y cada vez llegaba unos pasos más cerca de la cueva del tigre. Poco a poco, el tigre se acostumbró a verla ahí.

Una noche, Yun Ok se acercó a pocos pasos de la cueva del tigre. En esta ocasión el tigre se le acercó un poco y se detuvo. Los dos se quedaron viendo mutuamente a la luz de la luna. La noche siguiente sucedió lo mismo, pero en esa ocasión se acercaron tanto que Yun Ok pudo hablarle al tigre con voz suave y tranquila. La noche siguiente, después de mirar con cuidado dentro de los ojos de Yun Ok, el tigre comió la comida que ella le ofrecía. Después, cada vez que Yun Ok iba por la noche, encontraba al tigre esperándola en el camino. Cuando el felino terminaba de comer, Yun Ok podía acariciarle la cabeza con la mano. Habían pasado casi seis meses desde la primera noche en que lo visitó cuando, finalmente, una noche, después de acariciar la cabeza del animal, Yun Ok suplicó.

—¡Oh, tigre, generoso animal!, debo obtener uno de tus bigotes. No te vayas a enojar conmigo!

Y de un tijeretazo cortó uno de los bigotes.

El tigre no se enojó, como ella había temido. Yun Ok bajó por el camino, no caminando sino corriendo, con el bigote apretado en la mano.

A la mañana siguiente, justo cuando el sol aparecía en el mar, ella ya estaba en la casa del ermitaño en la montaña.

—¡Oh, famoso! —gritó—, ¡lo tengo! ¡Tengo el bigote del tigre! Ahora me puedes hacer la poción que me prometiste para que mi esposo vuelva a ser amable y gentil.

El ermitaño tomó el bigote y lo examinó. Satisfecho de que en verdad proviniera de un tigre, se inclinó hacia adelante y lo arrojó al fuego de la chimenea.

—¡Oh, señor! —la joven mujer gritó angustiada—. ¿Qué has hecho con él?

—Dime cómo lo obtuviste —pidió el ermitaño.

—Bueno, todas las noches fui a la montaña con un pequeño tazón de comida. Al principio me quedaba lejos, pero cada vez me acercaba un poco más para ganarme la confianza del tigre. Le hablé con gentileza y suavidad para hacerle comprender que sólo le deseaba el bien. Fui paciente. Todas las noches le llevé comida, sabiendo que no la comería. Pero no me rendí. Regresé una y otra vez. Nunca le hablé con dureza. Nunca le hice reproches. Por fin una noche dio unos pasos hacia mí. Llegó el momento en que me esperaba en el camino y comía del tazón que yo sostenía entre las manos. Yo le acariciaba la cabeza y su garganta emitía sonidos de felicidad. Sólo después de eso le corté el bigote.

—Sí, sí —afirmó el ermitaño—, domaste al tigre y te ganaste su confianza y su amor.

—¡Pero tú arrojaste el bigote al fuego! —gritó Yun Ok—. ¡Todo para nada!

—No, no creo que sea todo para nada —continuó el ermitaño—. Ya no se necesita el bigote. Yun Ok, permíteme que te pregunte, ¿es un hombre más malvado que un tigre? ¿Responde menos a la amabilidad y la comprensión? Si tú te puedes ganar el amor y la confianza de un animal salvaje sediento de sangre, siendo gentil y paciente, con toda seguridad puedes hacer lo mismo con tu esposo.

Al escuchar esto, Yun Ok enmudeció por un momento. Después bajó por el camino dándole vueltas en la cabeza a la verdad que acababa de aprender en la casa del ermitaño.

Harold Courlander
Referido por Carter Case

2

SOBRE
LA BONDAD

Esparce amor por donde vayas. Ante todo, en tu propia casa... no permitas que nadie que venga a ti se vaya sin sentirse mejor y más feliz. Sé la expresión viva de la bondad de Dios; bondad en tu rostro, bondad en tus ojos, bondad en tu sonrisa, bondad en tu cálido saludo.

Madre Teresa

Hola, Cornelius

Cultivar la bondad es una parte valiosa de la profesión de la vida.

Samuel Johnson

Durante casi veinte años escribí una columna para un periódico. Como parte de mi trabajo conocí algunos de los aspectos más oscuros y desdichados de la naturaleza humana, y escribí al respecto. Pero ello comenzaba a afectarme.

Había noches en las que, al llegar a casa del trabajo, me cuestionaba sobre la naturaleza del ser humano y me preguntaba si habría alguna solución a la incesante crueldad que observaba y sobre la que escribía con tanta frecuencia. Parte de esto estaba relacionado con un caso en particular que había estado siguiendo. El caso implicaba uno de los peores crímenes con los que yo me había topado.

Un hermoso niño de cuatro años, de ojos alegres y llamado Lattie McGee había sido torturado sistemáticamente en el transcurso de un largo verano en Chicago. Se le había golpeado, se le había dejado padecer hambre y había estado encerrado y colgado de cabeza en un armario oscuro durante noches enteras.

Durante todo ese verano su vida se fue consumiendo de manera agonizante en ese armario, y nadie sabía que estaba ahí; nadie escuchaba sus gritos amortiguados. Después de su muerte, cuando la policía descubrió lo que se le había hecho, yo escribí columna tras columna sobre las personas que lo habían asesinado. Son muchos los casos relacionados con niños pobres de vecindarios olvidados, que se pierden en el sistema jurídico. Yo quería asegurarme de que Lattie McGee recibiera justicia o algo similar.

Con todo el interés público en Lattie que generaron mis columnas, la historia de su hermano, de nombre Cornelius Abraham, no recibió tanta atención. Las mismas cosas que se le habían hecho a Lattie se le hicieron también a Cornelius, pero éste había logrado sobrevivir. Vio cómo asesinaban lentamente a su hermano sin poder detener a los asesinos. El valiente testimonio de Cornelius en la corte fue lo que ayudó a encerrarlos.

Cuando terminó el juicio, Cornelius acababa de cumplir nueve años. Era un muchacho delgado y extremadamente tranquilo que, con su hermano pequeño muerto y su madre y el novio de ésta en prisión, vivía con unos parientes. Los dos grandes amores de su vida eran la lectura y el basquetbol.

En una de las columnas que escribí sobre Lattie, mencioné la pasión de Cornelius por el basquetbol. Steve Schanwald, vicepresidente de los Toros de Chicago, leyó la columna y dejó un mensaje en mi oficina. Aunque las entradas para los partidos de los Toros se agotaban sin excepción, Schanwald dijo que si Cornelius quería ir a algún partido, él estaba seguro de que habría boletos disponibles. Jim Bigoness, asistente del procurador del estado del condado de Cook, quien había preparado con mucho esmero el testimonio de Cornelius para el juicio, y yo, lo llevamos al juego.

Para todo joven de Chicago aficionado al basquetbol, el estadio es un santuario. En particular si se piensa en dónde estuvo alguna vez Cornelius, encerrado, atormentado y lastimado. Y ahora estaba en el estadio, a punto de ver su primer partido de los Toros.

Bajamos por unas escaleras hasta llegar a un corredor inferior. Cornelius iba entre nosotros dos. Se abrió una puerta y salió un individuo. Cornelius miró hacia arriba y sus ojos se llenaron de una combinación de asombro, temor reverente e incredulidad total.

Cornelius trató de decir algo, pero aunque su boca se movía, no logró emitir palabra alguna. Trataba de hablar, cuando el individuo le ayudó hablando primero.

—Hola, Cornelius —exclamó—. Yo soy Michael Jordan. Jordan se arrodilló y habló sosegadamente con Cornelius. Hizo algunas bromas y, sin mostrar prisa, narró algunas historias sobre basquetbol. Hay que tener en cuenta que, durante mucho tiempo, los únicos adultos con los que Cornelius había tenido contacto habían querido lastimarlo y humillarlo. Y ahora Michael Jordan le hablaba.

—¿Nos vas a echar porras? Las vamos a necesitar.

Jordan regresó a los vestidores a terminar de vestirse para el partido. Bigoness y yo llevamos a Cornelius arriba, de regreso a la cancha. Una sorpresa más le esperaba.

Cornelius recibió una camiseta roja como las que usaban los muchachos del equipo de los Toros. Durante el calentamiento se dedicó a recoger los balones de los jugadores de ambos equipos.

Después, justo antes de comenzar el partido, se le condujo al asiento de Jordan en la banca de los Toros. Ahí es donde se sentaría: al lado del asiento de Jordan. Durante los minutos del partido en los que Jordan estuviera fuera, descansando, Cornelius estaría sentado con él; cuando Jordan estuviera en la cancha, Cornelius estaría apartándole su lugar. En un momento dado, ya para finalizar el partido, Jordan alcanzó un pase, lo lanzó por los aires e hizo un enceste para su equipo. Y ahí, a unos cuantos pasos de distancia, estaba Cornelius Abraham, alegre, riendo a carcajadas.

Quise agradecerle a Jordan haberse dado el tiempo de ser tan amable con Cornelius. El encuentro entre ellos, según me enteré, había sido algo para lo que Jordan se había ofrecido; estaba enterado del caso de Lattie McGee y, cuando escuchó que los Toros le iban a dar entradas a Cornelius para el partido, se ofreció para ayudar en lo que fuera posible.

Después del partido, en los vestidores, una vez que el último reportero se hubo retirado, Jordan se levantó y tomó su mochila para irse a casa. Al dirigirse hacia la puerta, me vio y se detuvo.

—Sólo quería que supiera lo mucho que apreció Cornelius lo que usted hizo por él —le comenté.

Por un segundo tuve la extraña pero innegable impresión de que quizá aquel era un individuo que no recibía con regularidad las gracias o, al menos, que siempre había tanta gente esperando toparse con él para pedirle una cosa u otra, que a todo lo que estaba acostumbrado era a largas filas de rostros que le pedían un autógrafo, un favor, un poco de su tiempo; rostros que de inmediato eran sustituidos por más rostros con más peticiones. De modo que se quedó esperando, como si estuviera tan acostumbrado a que siempre se le pidiera algo, que pensó que mi agradecimiento en nombre de Cornelius era el inevitable prefacio para pedirle algo más.

Al no añadir yo nada, preguntó.

—¿Es por eso que regresó hasta aquí?

—Bueno, creo que usted no sabe lo mucho que significó para Cornelius este día —respondí.

—Lo sé. Pero estoy sorprendido de que usted haya regresado hasta aquí para decírmelo —insistió.

—Mi madre me habría matado si no lo hubiese hecho —exterioricé sonriendo—. Ella siempre trató de educarme bien.

Él sonrió a su vez.

—La mía también —dijo.

Nos dimos la mano y me volví para alejarme, cuando lo escuché añadir:

—¿Viene usted con frecuencia a los partidos?

—Es el primero —respondí.

—Bueno, debería regresar —concluyó.

Bob Greene

Ayuda por operadora

*No has vivido un día perfecto, aunque hayas ganado
tu paga, si no has hecho algo por alguien que nunca
estará en posibilidades de pagártelo.*

Ruth Smeltzer

Aunque mi hermana estaba segura de que papá se recu-
peraría, me preocupé al llamar al hospital. En esos días mi
esposo estaría fuera de la ciudad en una convención de
publicidad por radio.

—Si me necesitas llama a la estación de radio. La secretaria
tiene el nombre del hotel y el número —me indicó antes de
partir.

Esperé hasta media mañana para llamar al hospital Memorial del norte de Indiana. Desde el momento en que
escuché la voz de Jane, supe que había problemas con papá.

—Se está llenando de líquido. Los médicos de aquí ya no
pueden hacer nada más por él. Ya se pidió una ambulancia
para transportarlo al hospital St. John donde cuentan con
más equipo de cardiología —Jane continuó—. Mamá y yo
vamos a almorzar algo y después nos vamos del Memorial al
St. John. No hay nada más que hacer aquí.

—¿Es conveniente que yo vaya?

—Todavía no. Está estable. Mejor espera.

El resto de la mañana pasó con lentitud. Traté de trabajar,
reuní anuncios, los actualicé y los guardé. Cerca del mediodía
llamé al St. John. La enfermera de cardiología verificó su
expediente. El transporte había partido, pero había regresado

al Memorial sin llegar nunca al St. John. Eso era todo lo que me podía informar.

Sólo había una razón por la que el transporte podía haber regresado. Papá debía de haber muerto en el camino. Marqué al Memorial, al tiempo que mi mente empezó a acelerarse. ¿Debía viajar de inmediato a Indiana? Mi familia estaba a cinco horas de distancia. ¿Debía llamar a mi esposo y esperarlo? Si papá había muerto, ¿para qué?

La enfermera que contestó era amiga de mi hermana. Jane trabajaba en el Memorial como terapeuta de respiración, por lo que gran parte del equipo de enfermeras la conocían y sabían de papá.

—¿Qué sucedió? —pregunté.

Tartamudeó. Los reglamentos del hospital le prohibían dar informes, pero me recomendó que me pusiera en contacto con mi hermana lo más pronto posible.

—¡No puedo! —grité—. Estoy en Illinois. Tienes que decirme. Es cruel que no seas honesta. Todo lo que pregunto es... es... ¿está muerto?

Sí, claro que lo estaba. Había muerto a dos cuadras del Memorial rumbo al St. John. Ahora, con mi dolor, tenía que decidir qué hacer con respecto al viaje.

Llamé a la estación de radio.

—¿Tienen el número del hotel donde se hospeda Jim?

Me pidieron que esperara. No pudieron encontrarlo. Se disculparon.

Con manos temblorosas abrí la guía telefónica. El código del área de Kansas City era 913. Llamé a información. La política de Bell Telephone permitía que las operadoras dieran tres números telefónicos por cada solicitud de ayuda al directorio. Anoté los números de las tres primeras cadenas hoteleras que recordé.

Llamé a una. Ni la convención de radiodifusoras ni mi marido estaban ahí. Llamé a la segunda. La misma situación. Llamé a la tercera. De nuevo, nada. Volví a solicitar ayuda a la línea de información. En esta ocasión sólo pude pensar en el nombre de una cadena de hoteles más, los Hyatt. Anoté el número y llamé. El aturdimiento empezaba a disiparse y se me comenzó a tapar la nariz.

—No, nosotros no tenemos aquí ninguna convención para directivos de publicidad por radio y el nombre de su esposo no aparece en nuestra lista de huéspedes registrados —indicó la operadora del conmutador—. Lo siento, yo soy sólo la operadora...

Pero antes de que pudiera colgar, oyó un sollozo que escapó de mis labios. Después de un largo silencio apreté el auricular en la mano y me limpié la nariz con el reverso de la manga.

—¿Qué le sucede? —me preguntó cortésmente.

—Mi papá murió hace unos minutos. Él, su cuerpo, está en Indiana. Es un viaje de cinco horas y no puedo hallar a mi esposo. No sé si saltar al carro e irme o esperarlo —respondí impulsiva—. ¡Quiero estar con mis hermanas y mi mamá, pero no sé qué hacer!

Otro largo silencio. Entonces habló sosegada y con tranquilidad.

—Déme su nombre y número y siéntese tranquila hasta que yo la llame.

Agradecida lo hice y en menos de cinco minutos me llamó.

—Joanna, lo encontré. Está en el hotel Adam's Mark. El administrador tomó nota y tiene gente para interceptarlo tan pronto como termine la sesión general, en unos veinte minutos. Será imposible que se les pase.

Sollocé en el teléfono.

—Gracias, en verdad se lo agradezco.

—Una cosa más —continuó—, si decide viajar en auto, por favor acompáñese de una amiga. Tenga cuidado. Usted acaba de sufrir un tremendo impacto y... y... tenga cuidado, ¿está bien? Siento mucho lo de su papá.

Desde otro estado, la voz de una amiga me consoló. Quien quiera que haya sido esa mujer, fue más que una operadora de conmutador. Fue una persona amable y maravillosa que cumplió con su trabajo y mucho más.

Joanna Slan

Manos frías

No podemos vivir sólo para nosotros mismos. ¡Miles de fibras nos conectan con nuestros semejantes!

Herman Melville

Estaba vaciando las bolsas del abrigo de invierno de mi hija de seis años y encontré un par de guantes en cada una. Pensé que un par no le era suficiente para mantener sus manos calientes, así que le pregunté por qué llevaba dos pares de guantes en el abrigo.

—Lo he venido haciendo desde hace mucho tiempo, mamá —respondió—. Algunos niños van a la escuela sin guantes y, si llevo otro par, se lo puedo prestar para que sus manos no se enfríen.

Joyce Andresen

El ángel del maderamen

Los hombres son ricos sólo mientras dan. Aquel que hace grandes favores recibe grandes recompensas.

Elbert Hubbard

Mis muelas ya gritaban. No podía descuidarlas más tiempo. Así que al fin me decidí a hacer caso omiso del miedo que le tenía a los dentistas e ir a que me las curaran. Pero, ¿cómo? Yo estaba entonces en el segundo año de la univer-sidad y apenas si podía mantenerme con trabajos de medio tiempo.

Tal vez podía curarme la peor. Hojeé la Sección Amarilla y llamé al primer dentista que encontré cuyo consultorio estuviera a una distancia accesible a pie. La recepcionista me indicó que fuera de inmediato. Mientras atravesaba de prisa la universidad, hasta el dolor se me olvidó por la preocupación respecto a cómo pagaría la cuenta.

Pocos minutos después estaba sentada en una silla y un dentista me examinaba y exclamaba "¡hmm!" al revisar el desastre de mi boca.

—Su boca está en muy mal estado.

—Eso ya lo sé —articulé en tono de sabelotodo para ocultar mi miedo.

—Pero no se preocupe, se la voy a arreglar.

—No, no lo hará. No tengo para pagarle —y comencé a descender de la silla.

—¿Qué está haciendo?

—Ya se lo dije, no tengo dinero.

—Usted es estudiante de la universidad, ¿o no?

¿Qué tiene que ver?

—Sí...

—Usted se va a graduar dentro de algunos años, ¿o no?

—Espero que sí.

—Y entonces trabajará, ¿o no?

—Esas son mis intenciones.

—Bueno, entonces me pagará. Entretanto, usted se concentra en sus estudios y a mí me deja la odontología.

Lo miré. Hablaba en serio. Con calma tomó su instrumental y arregló la cavidad que me estaba doliendo.

A partir de ese día, lo visité semanalmente hasta que mi dentadura quedó en buenas condiciones. Y la conservó así con revisiones periódicas. Después de graduarme obtuve un trabajo y, en unos cuantos meses, cubrí sus honorarios.

Durante los cuarenta años siguientes he optado por llamar a este hombre mi "ángel del maderamen". Se trata de desconocidos que aparecen de la nada, del maderamen, cuando necesito ayuda. Me han prestado y dado dinero, materiales o equipo; me han enseñado habilidades y me han ayudado a organizar grupos; a veces me han rescatado del peligro o de cometer algún grave error. Así que, querido dentista, esté donde esté, que Dios lo bendiga y gracias de nuevo.

Varda One

La caja número once

Hay más bendición en dar que en recibir.

Hechos 20:35

¿Cuál ha sido su día de acción de gracias más memorable? Para mí, fue una víspera del día. La iglesia tenía los nombres de diez familias que recibirían canastas de alimentos. Un comerciante local había donado jamones, y los demás alimentos se habían comprado. Mientras empacábamos las cajas en el salón de la hermandad, estas familias estaban entusiasmadas por los alimentos que se llevarían a casa. Sería la mejor comida que muchos de ellos habían disfrutado en meses. Estaban ya recogiendo sus cajas, cuando llegó otra familia. El padre, la madre y tres hijos saltaron de una camioneta vieja y entraron en el salón. Se trataba de una familia nueva que no estaba en nuestra lista; habían oído que en una iglesia se estaban distribuyendo alimentos.

Les expliqué que ya no teníamos suficiente para una familia extra; estaba yo tratando de asegurarles que haría lo que estuviera en mis manos, cuando sucedió algo extraordinario. Sin que se le insinuara nada, una mujer bajó la caja que cargaba y al instante encontró una caja vacía que colocó junto a la suya. Empezó a retirar artículos de su caja para compartirlos. De inmediato los otros siguieron su ejemplo y esta pobre gente reunió la caja número once para la nueva familia.

Pastor Bill Simpson
Referido por M'Shel Bowen

El hombre de los emparedados

*La capacidad de interesarse en los demás es lo que da
a la vida su significado y su sentido más profundos.*

Pablo Casals

¿Qué haría usted si quisiera lograr un cambio en el mundo,
dejar una huella o hacer un depósito para un boleto al cielo?
¿Pensaría en grande y elegiría el más ostentoso o grandioso
de los actos? ¿O perseveraría día con día, sin alardear,
haciendo una obra personal en cada ocasión?

Michael Christiano, funcionario de la corte de la ciudad
de Nueva York, se levanta todas las mañanas a las 4:00 a.m.,
haya buen o mal tiempo, sea día de trabajo o de descanso, y
se dirige a ocuparse de sus emparedados. No, no es dueño
de un local; en realidad se trata de la cocina de su casa. Ahí se
encuentran los ingredientes de sus famosos emparedados,
famosos sólo para quienes los necesitan desesperadamente
para combatir el hambre del día. A las 5:50 a.m., se encuentra
haciendo sus rondas por los refugios temporales para
indigentes en las calles Centre y Lafayette, cerca del City Hall
de Nueva York. En un rato reparte doscientos emparedados
a tantos indigentes como puede, antes de empezar su día de
trabajo en los tribunales.

Todo empezó hace veinte años con una taza de café y un
pan para un indigente de nombre John. Día tras día, Michael
le llevaba a John emparedados, té, ropa y, cuando el frío era
insoportable, le permitía descansar en su auto mientras él trabajaba. Al principio Michael sólo quería hacer una buena obra,

—pero un día escuchó una voz interna que lo obligó a hacer más. En esa fría mañana invernal le preguntó a John si le gustaría asearse. Era una oferta al aire, porque Michael estaba seguro de que John se rehusaría.

—¿Usted me va a lavar? —preguntó John inesperadamente.

Michael escuchó una voz interior que le recordó, *piensa antes de abrir la boca.* Al ver a aquel pobre hombre, cubierto con ropa andrajosa y maloliente, desgreñado, barbudo y con aspecto salvaje, Michael sintió temor. Pero también sabía que estaba pasando por una gran prueba respecto a su compromiso. Así que ayudó a John a subir a los vestidores del palacio de justicia para comenzar el trabajo.

El cuerpo de John era una masa de cortadas y llagas, resultado de años de dolor y descuido, y su mano derecha había sido amputada. Michael tuvo que superar sus miedos y su repulsión. Ayudó a John a lavarse, le cortó el cabello, lo afeitó y compartió con él el desayuno.

—Fue en ese momento —recuerda Michael—, cuando *supe* que tenía una vocación y que tenía la capacidad de hacer cualquier cosa.

Cuando tuvo la idea de los emparedados, Michael comenzó a explotar su vocación. No recibe ayuda de ninguna organización pública o privada.

—No busco realizar un acto de caridad que quede en los libros de las mejores marcas o que atraiga la atención de los medios de comunicación. Sólo quiero hacer el bien, día con día, a mi humilde manera. A veces sale de mi bolsillo, a veces recibo ayuda. Pero esto es algo que *yo* puedo hacer, día tras día y persona por persona. Hay días en que está nevando —continúa— y me cuesta trabajo dejar el calor de mi cama y el bienestar de mi familia para ir a la ciudad con los emparedados. Pero entonces esa voz dentro de mí empieza a parlotear y tengo que ir.

Y ahí va. Michael ha preparado doscientos emparedados diarios durante los últimos veinte años.

—Cuando reparto los emparedados —explica Michael— no sólo los coloco sobre una mesa para que la gente los tome. A cada uno lo miro a los ojos, le doy la mano y le ofrezco mis buenos deseos para que tenga un buen día lleno de esperanzas. Todas las personas son importantes para mí. Yo no las veo como "indigentes", sino como personas que necesitan comida, una sonrisa que las anime y contacto humano positivo. Una vez el alcalde Koch apareció para hacer las rondas conmigo. No invitó a los medios de comunicación, sólo fuimos nosotros dos —platica Michael. Pero de todos los recuerdos de Michael, trabajar al lado del alcalde no fue tan importante como trabajar con alguien más...

Un hombre había dejado de formarse en la fila de quienes esperaban los emparedados, y Michael pensaba de cuando en cuando en él. Esperaba que el hombre hubiera ascendido a condiciones más benéficas. Un día el individuo apareció, transformado, y saludó a Michael limpio, abrigado, afeitado y con emparedados propios para repartir. La dosis diaria de Michael de comida fresca, cálidos apretones de mano, contacto visual y buenos deseos, había dado a este individuo la esperanza y el estímulo que con tanta desesperación necesitaba. Que se le viera todos los días como a una persona y no como una categoría, había dado a la vida de este individuo un giro completo.

El momento no necesitó diálogo alguno. Los dos hombres trabajaron en silencio, lado a lado, entregando sus emparedados. Era un día más en las calles de Nueva York, pero un día con un poco más de esperanza.

Meladee McCarty

No me ignores

En las diferentes etapas de la vida las muestras de amor pueden variar: dependencia, atracción, alegría, preocupación, lealtad, pesar, pero en el corazón, la fuente es siempre la misma. Los seres humanos tenemos la rara capacidad de relacionarnos unos con otros, a pesar de todo.

Michael Dorris

Caminaba con ojos abatidos, la cabeza gacha.
Cuando me vio habló, y yo registré su facha.
Estaba zarrapastroso y harapiento
y su mirada apagaba el descontento.
Dijo: "Señora, tengo hambre".
Su tono era muy amable.

"Dinero, no tengo, respondí con suavidad,
pero le compraré comida con estos cupones".
Caminé en silencio junto a ese viejo sin hogar.
Él dijo: "Déme su número,
en cuanto pueda le he de pagar".

Miré dentro de sus ojos, donde sólo vi desesperanza.
"No importa. No necesito que me pague", respondí.
En los corredores de la tienda, un artículo tomó,
y como si fuera niño, por otra cosa preguntó.
Contenta le dije que cubriera su necesidad,
que a lo largo de mi vida yo había obrado mal.

Jamás lo olvidaré cuando por su camino se fue
porque me dio algo que recompensar jamás podré.
Me dio la oportunidad de dar lo que estuvo en mis manos,
la oportunidad de mostrar amor al no apreciado,
de dar a quien nadie querría alimentar,
de ser especial, de dejar salir mi bondad.

Al desconocido en andrajos siempre le estaré agradecida
por mostrarme amor en un par de bolsas de comida,
por dejarme ser la que poseía más,
por dejarme contestar su llamado.

Aunque quisiera, ningún ángel soy, te lo puedo asegurar.
A muchos he herido, sólo por mi camino andar,
y este hombre, este desconocido, que no me ignoró,
por un instante el vuelo de un ángel liberó.

Jude Revoli

Una subasta de corazón

Una de las más bellas compensaciones de esta vida es que nadie puede tratar sinceramente de ayudar a otro sin ayudarse a sí mismo.

Charles Dudley Warner

Jayne Fisher mira angustiada a su hija Katie, de diecisiete años, tirar de su inquieto cordero hacia el ruedo de la Venta de Ganado Joven del Condado de Madison. Con suerte, Katie no se desmayaría, como le había sucedido durante la exposición de ganado del día anterior.

Katie luchaba contra el cáncer. Aquella era la primera oportunidad que tenía en meses de salir a divertirse, lejos de los hospitales y los tratamientos de quimioterapia, y había venido con grandes esperanzas de ganar una buena cantidad de dinero para sus gastos. Titubeó un poco antes de tomar la decisión de desprenderse del cordero, pero considerando que la libra de cordero estaba a un promedio de dos dólares, Katie esperaba mucho más que algo de dinero para los imprevistos. Así que expuso al cordero en el centro y empezó la subasta.

En ese momento, Roger Wilson, el subastador, se inspiró e hizo algo que produjo resultados inesperados.

—Queremos hacer de su conocimiento, señores, que Katie acaba de pasar por una situación no muy grata —comenzó. Esperaba que su introducción elevara la puja, por lo menos un poco.

Bueno, pues el cordero se vendió en 11.50 dólares la libra, pero las cosas no quedaron ahí. El comprador pagó y decidió regresar el cordero para que se volviera a vender.

Esto dio pie a una reacción en cadena, ya que las familias compraban el animal y lo regresaban una y otra vez. Cuando los negocios de la localidad comenzaron a comprarlo y regresarlo, las ganancias se volvieron realmente grandes. La primera venta es la única que recuerda la mamá de Katie. Después de ella, sólo lloraba a mares mientras el público gritaba, "¡que se revenda! ¡que se revenda!"

Ese día, el cordero de Katie se vendió treinta y seis veces, y el último comprador lo regresó en definitiva. Katie obtuvo más de 16 000 dólares para un fondo para pagar sus gastos médicos, además de que conservó a su famoso cordero.

Rita Price

Pide la luna y obténla

Cuando uno da de sí mismo, recibe más de lo que da.

Antoine de Saint-Exupéry

Al crecer y entrar al mundo de los negocios, mi punto débil fueron siempre los niños sin bicicleta. Tendría yo algo más de veinte años cuando vivía junto a un pequeño que me agradaba. Aunque no lo crean, sus padres no tenían para comprarle una bicicleta. Así que un sábado fui a la ferretería local y entregué la mitad de mi sueldo, 25 dólares, para darle una sorpresa. Debían haber visto al niño saltar de un lado a otro. Se convirtió en mi amigo de por vida. Pero aquí no termina la historia.

Con el paso del tiempo, conforme ahorré dinero y mejoré mi situación, obsequié bicicleta tras bicicleta; unas cien en total, hasta 1977.

Entonces, en ese año, busqué la forma de alegrar la vida de los niños desamparados de Minneapolis. Decidí dar una gran fiesta de Navidad para ellos, una reunión de gala para más de mil niños pobres de todas las razas que nunca hubieran tenido una bicicleta. En un auditorio grande les serviría refrescos y les diría que tenían posibilidades de alcanzar el éxito como lo había alcanzado yo. Les daría dólares de plata como símbolo de un futuro más opulento y les daría bicicletas, una bicicleta totalmente nueva para cada uno de los niños.

Mis ayudantes y yo escondimos las bicicletas detrás de una cortina gigantesca que abrimos cuando la celebración alcanzó su clímax. Tenían que haber oído los suspiros, los gritos, los vítores, el jubiloso clamor al ver esos niños mil cincuenta bicicletas deslumbrantes de nuevas, estacionadas en hileras muy bien ordenadas. Se arremolinaron sobre las bicicletas, las tocaron, se sentaron en ellas y las condujeron alegres por todos lados.

Al igual que Martin Luther King Jr., yo también tengo un sueño. Me gustaría dar otra fiesta de bicicletas antes de morir, pero en algún lugar del Medio Oriente. Invitaría a niños de Israel, Egipto, Irán, Siria, Líbano y otros países de esa región en la que el ojo por ojo fomenta tanta desconfianza y terrorismo. Habrá regalos, juguetes y bicicletas para todos los niños, pero el mejor regalo será una demostración de hermandad juvenil. La relación entre los niños judíos y los niños árabes determinará el tipo de Medio Oriente que emergerá en la siguiente generación.

Semejante fiesta involucrará negociaciones delicadas y será muy difícil organizarla sin incidentes. Por ello tengo que ser muy diligente y hacer muchas peticiones, pero estoy más que dispuesto. De hecho, estoy determinado.

¿Por qué? Porque sé lo que es crecer en un mundo de pobreza, desconfianza, prejuicios y dolor.

Una vez solicité empleo de limpiabotas y me lo negaron. Tenía nueve años cuando el exclusivo Club Miscowaubik solicitó a un muchacho para bolear zapatos a cinco centavos el par. Mi madre me vistió con mi mejor ropa. Recuerdo que incluso mi padre iba bien vestido cuando me llevó. Me transportó en su carreta de ropavejero tirada por un caballo. Todavía recuerdo lo nervioso que iba sentado junto a él en el alto asiento de madera. No hablamos mucho, y a menudo me pregunto si aquel día no se mostraba silencioso porque sospechaba lo que sucedería cuando yo tocara en la puerta del club. Los miembros pertenecían a las familias más acaudaladas de la ciudad, los capitanes y tenientes de la Calumet and Hecia Consolidated Copper Mining Company. Incluso el nombre de esta compañía minera me atemorizaba e intimidaba.

Sentado en el asiento de madera junto a mi padre, saltando y saltando, vislumbré el Club Miscowaubik. Era imponente, pero elegante. Mi padre esperó mientras yo me dirigía hacia la gran puerta del frente. Recuerdo la manija de latón. Con el corazón palpitante y grandes esperanzas, toqué. La puerta se abrió y un hombre bien vestido, tal vez el administrador, fijó la vista en mí. Ni siquiera me invitó a pasar. Sólo me preguntó qué quería.

—Mi nombre es Percy Ross —respondí—, y oí que ustedes necesitan a alguien que bolee zapatos.

—No necesitamos niños como tú —replicó con indiferencia.

Sus palabras me golpearon como una tonelada de ladrillos. Aturdido, regresé a la carreta. Mi padre estaba silencioso, tremendamente silencioso. En el momento no supe qué pensar. ¿Por qué me habían rechazado? Tal vez porque era judío. Tal vez porque provenía de la parte pobre de la ciudad: pintadas en grandes letras en el costado de la carreta de mi padre se leían las palabras WM. ROSS-CHATARRERO.

De regreso a casa, los cascos del caballo golpeaban la calle como martillos en mi alma.

—¿Por qué no me dejaron pasar? —le pregunté a mi padre—. ¿Qué tipo de niño soy? Mi padre no tenía respuesta alguna. Recuerdo que lloré todo el camino de regreso a casa.

He acumulado muchas decepciones, desaires y agravios en la vida, pero la herida que recibí ese día todavía me duele. Es esa herida la que encendió el sueño de dar una fiesta de bicicletas en el Medio Oriente.

Voy a dar esa fiesta por la esperanza, por leve que sea, de un mundo sin odios, miedos, opresión o resignación. Creo que eso puede hacer la diferencia.

Percy Ross

"¡Guárdate el cambio!"

*Yo creo que la naturaleza de las personas es ser héroes,
si tienen la oportunidad.*

James A. Autry

El farmaceuta me entregó mi receta, se disculpó por hacerme
esperar y me explicó que su caja registradora ya había cerrado.
Me preguntó si no me molestaría pasar a la caja que estaba a
la salida de la tienda.

Le dije que no se preocupara y me dirigí a la salida, donde
una persona estaba adelante de mí; una pequeña no mayor
de siete años, con un frasco de cierta medicina pediátrica en
el mostrador. Apretaba contra su pecho un pequeño monedero con rayas verdes y blancas.

El monedero me recordó los días en los que, de niña, jugaba
a vestirme en el ropero de la abuela. Caminaba por toda la
casa, vestida con ropa enorme, adornada con joyería de
fantasía, sombreros y mascadas, y le hablaba como gente
grande a quien estuviera dispuesto a escucharme. Recuerdo
la emoción que sentí un día que hice como que le daba un
dólar a alguien, y él me regresó algunas monedas reales para
que las guardara en mi bolso especial.

—¡Guárdate el cambio! —me había dicho con un guiño.

El dependiente marcó la medicina de la niña, mientras ella,
temblorosa sacó un cupón, un billete de dólar y algunas
monedas. La vi sonrojarse al tratar de contar su dinero, aunque advertí de inmediato que le faltaba como un dólar. Con

un guiño rápido al dependiente, deslicé un billete de un dólar en el mostrador y le indiqué que marcara la medicina. La niña guardó el cambio en su monedero sin contarlo, tomó su paquete y se precipitó hacia la salida.

Al dirigirme a mi auto, sentí un tirón en la blusa. Ahí estaba la pequeña, mirándome con sus grandes ojos cafés. Me sonrió, se abrazó a mis piernas por un largo rato y después alargó su manita llena de monedas.

—Gracias —murmuró.

—Está bien —respondí. Le sonreí y le guiñé un ojo—. ¡Guárdate el cambio!

Nancy Mitchell

Pies grandes, corazón aún más grande

Cuando los hechos hablan, las palabras no son nada.

Proverbio africano

Era un día demasiado caluroso que no correspondía a la estación. Al parecer todo el mundo buscaba algún tipo de alivio, así que una nevería era el lugar natural para detenerse.

Una pequeña, que apretaba con fuerza su dinero, entró en la nevería. Antes de que pudiera decir una palabra, el dependiente le indicó con dureza que saliera para leer el letrero de la puerta y que se abstuviera de entrar hasta que se pusiera unos zapatos. La niña se salió lentamente y un hombre de gran tamaño la siguió hasta el exterior.

La observó mientras ella leía el aviso fuera de la nevería: PROHIBIDO ENTRAR DESCALZO. Las lágrimas empezaron a rodar por sus mejillas cuando dio la media vuelta para retirarse. Entonces el hombre la llamó, se sentó en el borde de la acera, se quitó los zapatos talla treinta y los colocó frente a la niña.

—Ten —le explicó— no podrás caminar, pero si te deslizas como patinando, podrás obtener tu nieve.

Levantó a la niña y le colocó los pies dentro de los zapatos.

—Tómate tu tiempo —añadió—, yo estoy cansado de llevarlos puestos y será agradable quedarme aquí sentado a comer mi nieve.

Los ojos resplandecientes de la pequeña no podían pasar

inadvertidos mientras se deslizaba hacia el mostrador a ordenar su cono de nieve.

Aquel era un hombre de gran tamaño, es verdad, con panza grande, zapatos grandes, pero sobre todo, un corazón muy grande.

Anónimo
De The Sower's Seeds
de Brian Cavanaugh

Eso es ganar

Yo creo que todas las personas tienen un corazón, y si uno consigue llegar hasta él, se puede lograr la diferencia.

Uli Derickson

Al día siguiente su madre nos relató la historia.

Kenneth iba en secundaria y estaba entusiasmado y ansioso de participar en las competencias olímpicas especiales. Mientras sus padres observaban expectantes desde las gradas, él corrió y ganó la primera carrera. Se veía orgulloso por su listón y los vítores de la multitud.

Después corrió en la segunda carrera, y justo en la recta final, cuando una vez más hubiera ganado, se detuvo y se retiró de la pista. Sus padres lo interrogaron con cariño.

—¿Por qué hiciste eso, Kenneth? Si hubieras seguido corriendo, habrías ganado otra carrera.

—Pero, mamá —contestó Kenneth con inocencia—, yo ya tengo un listón; Billy todavía no tenía uno.

Clifford y Jerie Furness

La bondad desafía al destino

Aún llueve... Tal vez no sea uno de esos aguaceros que llegan un minuto y se van al siguiente, como me atreví a suponer. Tal vez ninguno lo sea. Después de todo, la vida es una cadena de días lluviosos. Pero en ocasiones no todos tenemos un paraguas que nos proteja. Esos son los momentos en los que necesitamos que alguien esté dispuesto a prestarle su paraguas a un desconocido empapado en un día lluvioso. Creo que iré a caminar con mi paraguas.

Sun-Young Park

Abrió la carta en el camino de regreso del apartado postal. Al terminar el primer párrafo se detuvo, incapaz de continuar por las lágrimas que bañaban sus ojos. Después de algunos segundos levantó la vista hacia el cielo perfecto y, por un breve y maravilloso instante, pudo escuchar a su hijo cantando su canción favorita.

En casa dejó la correspondencia y llamó a su esposo a la tienda donde trabajaba para comentarle lo que acababa de llegar. Al principio, él se quedó sin habla, tratando de controlar sus emociones, algo que no le fue nada fácil.

—Léemela —pidió el esposo.

Ella leyó con voz suave y tranquila, saboreando cada palabra. Cuando terminó, ninguno de los dos dijo algo durante un buen tiempo, hasta que el esposo finalmente articuló:

—En verdad existe un Dios.

Dieciocho meses atrás habían estado viviendo cerca del Hospital Infantil de Boston. A su hijo de nueve años le habían diagnosticado cáncer. Y, como si eso no fuera suficiente, al padre lo acababan de despedir de una compañía de alta tecnología que sobrevivía mediante "recortes", la palabra de la década de 1990 para el desempleo. Hubo mucha gente afectada por tales decisiones administrativas, ya que el despido era una sentencia de muerte para la economía familiar. La esposa era empleada de una biblioteca. Además del niño, había otras tres hijas, de siete, cinco y dos años.

El cáncer es la más devastadora de las enfermedades, pues consume, sin distinción alguna, las células del organismo de su víctima. Tampoco tiene consideración, ya que ataca tanto a los muy jóvenes e inocentes, como a los de más edad, quienes, al menos, han logrado ver y disfrutar una buena tajada de la vida.

Día tras día los padres se turnaban en el hospital con el hijo enfermo. Los médicos y las enfermeras eran maravillosos y heroicos y lograban evocar sonrisas y optimismo en aquellos pacientes afectados por la amarga realidad de su enfermedad.

El niño entabló amistad con otro muchacho del mismo piso; un niño de diez años que, igual que él, amaba el beisbol. Y en aquellas maravillosas noches de verano, cuando el viejo equipo de la ciudad estaba en casa, los dos se sentaban junto a la ventana de uno de los pabellones superiores del hospital a escuchar los juegos en la radio, mientras miraban a la distancia las luces del estadio que bañaban el cielo de julio como si fueran su propia Vía Láctea resplandeciente.

Estos dos niños enfermos se volvieron uña y carne, unidos por su pasión por los Medias Rojas, así como por el ancla de su cáncer. Los padres, por supuesto, también se hicieron amigos.

El otro niño era de Connecticut. Sus padres vivían en la opulencia, pero ni su riqueza los podía aislar de la carga de dolor que sufre todo aquel que tiene a un hijo enfermo.

Así, el padre y la madre de este niño se sintieron profundamente conmovidos cuando los padres del niño de nueve años obsequiaron a ambos pequeños una camiseta de los Medias Rojas y dos pelotas de beisbol firmadas por Mo Vaughn.

Estados Unidos es un país de beisbol, milagros y progreso, pero ninguno de éstos puede impedir el curso casi inevitable del cáncer. Así fue como el niño de nueve años murió en un claro y fresco día de otoño, cuando su juego favorito se había quedado en silencio tras un lanzamiento. La combinación del hospital con el desempleo había llevado a la familia casi a la quiebra, a pesar de lo cual tenían que seguir luchando por las tres hijas restantes.

No obstante, cada día era como cargar un montón de ladrillos cuesta arriba por una ladera inclinada e interminable. El único trabajo que el padre había encontrado era en una tienda de artículos varios y la esposa sencillamente no había podido volver a trabajar. Aquella mañana en la que recibieron la carta, mientras ella leía el primer párrafo, estaban al borde de perder su casa hipotecada.

Jamás olvidaremos la bondad que ustedes le mostraron a nuestro hijo en el hospital. Dios se mueve por caminos misteriosos. Nosotros somos muy afortunados porque a nuestro hijo le va bien. Por una enfermera nos enteramos de sus dificultades y queremos que acepten lo que les enviamos. Su hijo le dio mucho al nuestro. Todos los días pensamos en él y aún escuchamos su hermosa voz cantando el himno nacional cuando vemos a los Medias Rojas. Ustedes nos dieron a nosotros y ahora es el momento de que nuestra familia les corresponda. Que Dios los bendiga.

Con la carta venían 10 000 dólares. Fue un gesto generoso, de una pareja condolida hacia otra, ambas unidas para siempre al borde de una suave tristeza.

Mike Barnicle

Esperanza en una botella

Dicen que una persona sólo necesita estas cosas para ser verdaderamente feliz en este mundo: alguien a quien amar, algo que hacer y algo por lo cual abrigar esperanzas.

Tom Bodett

Yo creo, sinceramente, que todos en algún momento de nuestra vida nos enfrentamos cara a cara con un poco de magia. El tipo de magia que nos hace recordar una palabra única que olvidamos fácilmente: esperanza.

Un día ventoso de 1992, mientras caminaba por la playa, observé cómo llegaban las olas empujadas por la tempestad. La basura se alineaba sobre la arena, junto con montones de algas.

No sé qué captó mi atención. Pero sobre esos montones malolientes se distinguía, erguida, una botella grande de refresco. Advertí en su interior un trozo húmedo de papel enrollado con algo escrito. Apreté la botella bajo mi brazo y saqué el mensaje. Decía: "Regréselo a E. L. Cannon, Hollywood, Florida, con una nota y su dirección, recibirá 20 dólares.

Le escribí al tal E. L. Cannon y me enteré de que él y su esposa habían lanzado la botella desde un crucero a unos ciento cincuenta kilómetros de distancia fuera de Los Ángeles, cuando regresaban del canal de Panamá. Pronto mi esposo Jim y yo nos hicimos amigos por carta de Ed y Mary, quienes resultaron ser unos jubilados encantadores que viajaban por todo el mundo y que solían recorrer el planeta en cruceros.

Aunque ya tienen más de ochenta años, todavía conservo fotografías de ellos bailando en la cubierta del barco.

Empezamos por escribirnos cartas cortas. En aquella época leí un artículo en una revista que me hizo interesarme en Belice. Soñaba con sus frondosas selvas tropicales, sus jaguares, sus cientos de cayos revestidos de palmeras y rociados dentro del segundo arrecife más largo del mundo. Me gustaba que algunos de los habitantes de ese país provinieran de un linaje de piratas británicos y escoceses, quienes alguna vez se escondieron entre los cayos que adornan el Caribe color verde agua. Compartí mi sueño con Jim y decidimos ir al año siguiente. Reunimos información y ahorramos dinero. En un momento de entusiasmo les escribí a los Cannon y les pregunté si ellos habían estado ahí.

En respuesta llegó un sobre enorme del que salió una pila de fotografías: Mary y Ed de pie en una escollera en San Pedro, en Cayo Ambergris, el cayo más grande; Mary posando orgullosa con la guía de pesca, Luz, quien sostenía una barracuda gigante. Los Cannon habían visitado San Pedro tres veces al año durante más de *dos décadas*. Nos pareció tan irónico, que concordamos en que Belice sería el lugar perfecto para conocernos. Planeamos el viaje para febrero, y decidimos encontrarnos en el único hotel en el que los Cannon se hospedaban, porque la propietaria, una mujer maya llamada Celi, era como su hija.

Encontrarse de esta manera con alguien totalmente desconocido parecía asombroso, pero fue sólo el principio. A finales de marzo regresaba de mi trabajo como reportera cuando advertí que una nube opacaba mi ojo derecho. Perdí cerca del 25 por ciento de la visión. Al terminar la semana estaba totalmente ciega de ese ojo. A los pocos días regresó mi visión, pero a mediados de junio, después de algunas pruebas, los médicos me diagnosticaron esclerosis múltiple. Este trastorno neurológico es impredecible y afecta de manera tan diferente a cada persona, que puede suceder cualquier cosa, desde un simple hormigueo hasta un entumecimiento, desde la ceguera hasta una parálisis total. Cada persona reacciona distinto ante la esclerosis múltiple, una enfermedad que es como un corto-circuito en el cerebro.

Yo me fui en picada: me enojaba, me deprimía y me ponía de mal humor. Todos los días caía agotada. Me arrastraba hasta el trabajo y dejé de escribirles a los Cannon. Decidí no ir a Belice. De cualquier modo, no habíamos ahorrado sufi-ciente dinero. Pasaron cuatro meses y, finalmente, di respuesta a algunas de las cartas de los Cannon. Les comenté lo de la esclerosis múltiple y les informé que después de todo no nos reuniríamos con ellos.

Entonces se presentó una fría e inolvidable noche de noviembre. Cuando llegué a casa inhalé el aroma familiar del ajo y las verduras; Jim estaba cocinando. Me sentía muy mal, cuando advertí un sobre amarillo sobre la mesa. Jim me miró desde la estufa con una gran sonrisa.

—Léelo —exclamó.

Queridos Diana y Jim:
Recibimos su carta el día que partimos hacia Florida y nos dolió mucho saber lo de la enfermedad... Sucede que tenemos una sobrina que tiene una agencia de viajes en un suburbio de Cleveland y ella hizo arreglos para conseguir dos boletos, viaje redondo, desde Los Ángeles hasta San Pedro (Cayo Ambergris, Belice) para ustedes. Son gratis, sin cargos, y son exactamente la medicina que necesitas, una semana en San Pedro, Belice.
¡Felicidades! ¡Se ganaron la lotería de San Pedro!

Miré a mi esposo.

—¡Vamos! —gritó feliz. Pero, de algún modo, yo no podía aceptar un gesto tal. Se me había enseñado a dar, no a recibir. Estuvimos de acuerdo en que yo lo platicaría con mi papá, ya que él y yo éramos muy unidos y siempre me daba buenos consejos. La idea de hablar con él, sin embargo, nos hizo vacilar. Mi padre era un hombre al que le gustaba dar, pero su orgullo no le permitiría aceptar una oferta así.

—Los Cannon quisieron hacerlo —manifestó no obstante mi padre—, o jamás se lo hubieran ofrecido. Deberían ir y considerarlo como uno de los regalos más grandes que jamás les hayan dado.

Me quedé sorprendida. Lo que decía era muy cierto. Aquello era un regalo, un regalo de esperanza.

Y llegó a ser un regalo al cual me aferré y recordaré por el resto de mis días. Dos meses antes de nuestro viaje, cinco días antes de Navidad, murió mi padre. Tan sólo dos días después de la última vez que lo vi y de nuevo me hundí en una profunda depresión. Lo único que me quedaba en la vida, consideré, era el regalo.

Cuando llegamos a las arenosas calles de San Pedro nos encontramos con los Cannon en el pórtico del hotel que ellos llamaban "Rincón feliz". Eddie y yo escuchamos el rugir de las olas sobre el arrecife. Platiqué de mi papá y él habló del suyo. Me encontraba en el lugar ideal para restablecerme, rodeada de un mar color esmeralda en el que por primera vez en mi vida nadé con un tubo de respiración y vi los tesoros submarinos del océano: cavernas profundas, peces de colores brillantes, caballitos de mar y bancos de calamares.

Eddie me reveló algo con lo que ha vivido:

—En esta vida siempre debes procurarte algo que te ilusione.

Desde entonces lo hago. En 1995 regresamos a la isla para reunirnos con los Cannon. Compartimos la historia de la botella con otros turistas quienes acudieron al "Rincón feliz" a brindar por los Cannon.

Cuando volvimos a casa recibimos cartas de todos los que conocimos. Todos querían recordar la historia de la botella. Nunca podré mostrar a los Cannon lo agradecida que les estoy.

Su mensaje en la botella me devolvió la esperanza. Y aún lo hace hasta ahora.

Diana L. Chapman

El código de las carreteras

Benditos aquellos que pueden dar sin recordarlo y recibir sin olvidarlo.

Elizabeth Bibesco

Como hija de un camionero y una secretaria, llegué a conocer mucho mejor a mi madre que a mi padre. De niña era "la pequeña de papá", pero cuando alcancé la adolescencia, mi relación con él había dejado de existir. Mi padre había pasado la mayor parte de mi vida en las carreteras; partía antes de las 4:00 a.m. y llegaba a casa mucho después de mi hora de dormir. Cuando pude permanecer despierta pasadas las 9:00 p.m., ya no era la pequeña de papá; era una adolescente. Entonces nos convertimos en dos desconocidos: yo no lo conocía y él no podía haberme conocido. Fue como si un día se hubiera ido en el camión y cuando regresó yo ya tenía trece años. Me tomó mucho tiempo comprender que él no tenía ni idea de qué hacer conmigo. No sabía cómo manejar a una adolescente con las hormonas enloquecidas y una bocota. La pequeña que adoraba a su papá fue sustituida por una horrenda adolescente que no quería otra cosa que decir la última palabra en cualquier discusión. Y así empezó una lección que jamás olvidaré...

Yo era una adolescente rebelde, muy liberal y con grandes sueños. Creo que mi madre me apoyó durante las épocas más difíciles de mi vida. Sin embargo, cuando intentaba guiarme, yo por supuesto peleaba hasta el detalle más ínfimo. No obstante, ella nunca se dio por vencida; aguantó como para salvar la vida misma hasta que, finalmente, pasé esa etapa de hormonas violentas y conductas extravagantes. Fue en esos tiempos cuando aprendí la importante lección que me dio mi padre. Una lección de fortaleza, amor, honestidad y bondad.

Una noche regresó de otro día en las carreteras, tal vez para entregar un cargamento en Brooklyn, el Bronx, Harlem o Filadelfia. Nos platicó cómo esa tarde, cuando iba por la autopista, vio a una mujer abriendo su cajuela para sacar el neumático de repuesto. Él se detuvo, se presentó y procedió a realizar la tarea de cambiar el neumático en mal estado. Mientras levantaba el auto con el gato, la mujer le expresó lo agradecida que estaba por su bondad. Le dijo que el miedo que tienen las personas debido a los crímenes de las áreas urbanas, a menudo les impide detenerse y ayudarse entre sí. Cuando papá terminó de cambiar el neumático y de meter el equipo a la cajuela del auto, ella le ofreció un billete de 20 dólares por su ayuda.

—No es necesario —respondió él sonriendo—. Yo tengo una esposa y una hija que acaba de empezar a conducir, y mi única esperanza es que si alguna vez una de ellas se queda al borde del camino, alguien, honesto y amistoso, se detenga y haga por ella lo que yo acabo de hacer por usted.

Se despidió y regresó al camión de dieciocho ruedas que había dejado con el motor en marcha al borde de la carretera.

Aquel era un aspecto de mi padre que yo no veía a menudo. Por el contrario, a lo largo de mi vida, mi padre, un hombre de origen italiano nacido en Brooklyn, me había enseñado, con indiferencia, las reglas de las carreteras y de la vida, mediante historias divertidas que compartía con sus compañeros camioneros en el alboroto de las fiestas familiares. Entre risotadas, yo escuchaba explicaciones sobre lugares seguros para dormir, lugares donde comer, definiciones del respeto, la honestidad y el trabajo duro en las carreteras e historias de la supervivencia de la clase trabajadora. En realidad, hasta los 24 años no comprendí lo mucho que había aprendido de él.

En 1992 me mudé del hogar de mis padres, en Nueva Jersey, a un departamento en la parte oriental de Kansas, donde trabajé como voluntaria en una organización de derechos civiles. Durante los tres años y medio que eso duró no dejé de viajar. Un día, la hija de doce años de una amiga nos sugirió que fuéramos al occidente de Kansas a unirnos a la Caminata por América en favor de la Madre Tierra. Convencida del reciclaje y de que hay que cuidar el medio ambiente, acepté. Al día siguiente le pedí prestado su auto a mi compañera de cuarto para realizar el viaje de cuatro horas.

Íbamos casi a la mitad del camino cuando la llanta trasera izquierda estalló. Controlé el auto y me orillé. Muy contrariada, respiré profundo y salí del auto. Me dirigí a la cajuela a sacar el neumático de repuesto. Iba a sacar el gato cuando pasó volando un camión de dieciocho ruedas. Estaba colocando el gato cuando escuché el rechinar de los frenos de aire del otro lado de la cinta asfáltica. Levanté la vista para ver a un camionero que atravesaba a toda velocidad los cuatro carriles de la interestatal para ayudarnos. El camionero explicó que el conductor del camión de dieciocho ruedas que había pasado le había enviado un mensaje por radio informándole que teníamos problemas. Se presentó, nos preguntó a dónde nos dirigíamos y me quitó el gato de las manos. En cosa de veinte minutos había cambiado el neumático y había colocado el gato de nuevo en la maletera.

El conductor me recomendó detenerme en la primera llantera que encontrara y comprar un neumático nuevo. Me explicó que el repuesto no aguantaría todo el viaje. Al despedirnos, alcancé mi bolso y le ofrecí un billete de veinte dólares por su ayuda. Sonrió y con su acento del oeste medio declaró:

—Yo tengo una hija casi de la misma edad que usted; la única recompensa que necesito es esperar que si alguna vez ella tiene un percance en la carretera, alguna persona honesta se detenga para ayudarla como yo lo he hecho ahora.

Escuché a mi padre hablar en su dialecto de Brooklyn repitiendo casi el mismo sentimiento. Platiqué al conductor sobre mi padre y su experiencia en Nueva Jersey. El camionero sonrió y, al atravesar la interestatal, se volvió y gritó,

—Su papá es un buen hombre... conoce el *código de las carreteras*.

Me detuve en la siguiente llantera para reponer el neumático. Con una tarjeta telefónica marqué el número de mis padres, sabiendo que estarían en el trabajo. Le dejé un mensaje a mi padre en el que le conté sobre el camionero que me había ayudado y le agradecía saberse el código de las carreteras.

El agradecimiento de la pequeña hija de un camionero a todos los conductores que conocen y entienden el código de las carreteras... y en especial a los dos caballeros de Kansas que me ayudaron.

Michele H. Vignola

3

SOBRE LOS PADRES Y LA PATERNIDAD

Tomar la decisión de tener un hijo es tras-cendental. Es decidir que tu corazón viva para siempre fuera de tu cuerpo.

Elizabeth Stone

Galletas olvidadas y perdonadas

Esa tarde, mientras estaba sentado junto a la ventana del segundo piso de nuestra escuela, mi corazón comenzó a hundirse cada vez más con cada auto que pasaba. Aquel era un día que yo había esperado por semanas: la fiesta de fin de año del cuarto grado de la señorita Pace. Nuestra maestra había llevado una cuenta regresiva en el pizarrón durante toda la semana, y cuando llegó el muy anticipado "viernes de fiesta", nuestra clase, de niños de nueve años, rayó en la insurrección.

Yo ofrecí con alegría a mi mamá cuando la señorita Pace pidió voluntarios para llevar galletas. Las chispas de chocolate de mamá eran consideradas una delicia entre nuestros vecinos; yo sabía que serían un éxito entre mis compañeros de clase. Pero pasaban ya las dos de la tarde, y ni señales de ella. La mayoría de las mamás ya habían llegado y se habían ido, dejando ponche y galletas, panqués, pastelillos y bizcochos de chocolate. Pero de mamá ni sus luces.

—No te preocupes, Robbie, pronto estará aquí —me animaba la señorita Pace mientras yo miraba desesperado hacia la calle. Vi el reloj justo en el momento en el que el minutero negro marcó la media.

A mi alrededor, la ruidosa fiesta rugía, pero yo seguía haciendo guardia en la ventana. La señorita Pace hizo lo que pudo para convencerme, pero yo no me movía; no perdía la esperanza de que el conocido auto de la familia diera la vuelta en la esquina, y mi madre, legítimamente avergonzada, llegará con una lata de sus famosas galletas bajo el brazo.

La campanada de las tres de la tarde me sacó de mis pensamientos y, abatido, agarré mi mochila de mi escritorio y salí con desgano rumbo a casa.

Durante el trayecto de cuatro manzanas hasta nuestra casa, ideé mi venganza. Al entrar cerraría de un golpe la puerta frontal, me rehusaría a devolverle su abrazo cuando ella corriera hacia mí, y nunca volvería a hablarle.

Cuando entré la casa estaba vacía y busqué alguna nota en el refrigerador que explicara la ausencia de mi madre, pero no había nada. El mentón me tembló con una mezcla de angustia e ira. Por primera vez en mi vida, mi madre me había fallado.

Estaba acostado arriba en mi cama, boca abajo, cuando la escuché entrar por la puerta principal.

—Robbie —gritó con cierta urgencia—. ¿Dónde estás?

Después la escuché correr apurada de cuarto en cuarto, preguntándose dónde podía estar. Yo permanecí en silencio. De pronto subió por las escaleras; el sonido de sus pisadas era cada vez más rápido.

Cuando entró en mi habitación y se sentó junto a mí en la cama, no me moví, sino que me quedé mirando mi almohada, rehusándome a reconocer su presencia.

—Lo siento, querido —exclamó—. Sencillamente se me olvidó. Estuve muy ocupada y se me olvidó, simple y sencillamente.

Yo seguía sin moverme. "No la perdones", me dije. "Te humilló. Te olvidó. Hazla que pague".

Entonces mamá hizo algo completamente inesperado. Comenzó a reír. Sentí cómo la risa sacudía su cuerpo. Al principio suavemente y después más rápido y con más volumen.

Yo no lo podía creer. ¿Cómo podía reírse en un momento así? Me giré y la vi a la cara, listo para hacerle ver la ira y la desilusión en mis ojos.

Pero mamá no se estaba riendo, estaba llorando.

—Lo lamento mucho —sollozaba suavemente—. Te fallé. Le fallé a mi pequeño.

Se hundió en la cama y comenzó a llorar como niña. Yo me quedé atónito. Nunca había visto llorar a mamá. A mi entender, se suponía que las mamás no lloran. Me pregunté si así me veía ella cuando yo lloraba.

Desesperado traté de recordar las palabras de consuelo que ella misma usaba cuando yo me raspaba las rodillas o me tropezaba, situaciones en las que ella sabía con exactitud lo que tenía que decir. Pero en aquel momento de apuro, las palabras profundas me abandonaron como un zapato viejo.

—Está bien, mamá —tartamudeé mientras me estiraba y le acariciaba el cabello—. Ni siquiera nos hicieron falta las galletas. Había muchas cosas que comer. No llores. Está bien. De veras.

Mis palabras, por inadecuadas que me sonaran, animaron a mamá a sentarse. Se limpió los ojos y una suave sonrisa empezó a plegar sus mejillas sucias de lágrimas. Yo sonreí a mi vez con torpeza y ella me acercó a su lado.

No dijimos ni una palabra más. Sólo nos entregamos el uno al otro en un abrazo largo y silencioso. Cuando llegamos al punto en el que por lo general yo me separaba, decidí que esta vez podía continuar, tal vez sólo un poco más.

Robert Tate Miller

¿Qué es un nombre?

Aquel que educa a un niño es el que debe llamarse padre, no el que sólo le dio la vida.

Midrash, Exodus Rabbah, 46:5

Tenía yo once años cuando mamá se volvió a casar. Ella y mi padre se divorciaron cuando yo tenía cuatro o cinco años. Nos mudamos de un departamento en planta baja, luminoso y alegre, de un vecindario seguro de clase media, a un departamento oscuro y apretado en un cuarto piso en un área más pobre de la ciudad de Nueva York. Mi hermano y yo a menudo nos sentíamos solos y atemorizados al escuchar las sirenas de los autos patrulla y las ambulancias horadar la noche.

Durante los seis años que vivimos ahí, recuerdo que envidiaba a aquellos amigos que tenían padre. Mi sueño era tener un padre que fuera mío. Mi propio padre había abandonado por completo mi vida; su paradero era un misterio. Yo pensaba que si tuviera un padre, sería un poderoso guardián que me defendería como por arte de magia de todos los peligros que yo creía enfrentar en las calles. En aquellas fantasías infantiles mi nuevo padre no tendría un trabajo; sólo estaría ahí para mí, cada vez que yo lo necesitara. Si otros muchachos me amenazaban, mi superpapá aparecería y los ahuyentaría. Era sólo la satisfacción de un deseo, pero, con todo, el fuerte sueño de un pequeño atemorizado.

De pronto, Frank McCarty apareció en nuestra vida. Era un hombre entusiasta e interesante porque era capitán de detectives de la policía de la ciudad de Nueva York. Tenía una placa de policía dorada y, en una funda en su cinturón, debajo de su saco, una pistola. No recuerdo el día en el que apareció, pero sí la situación en general y la sensación de entusiasmo y drama. Los policías eran cosa de película. No eran personas a las que uno podía conocer realmente. A todos mis amigos les hablaba de él; los ojos se les agrandaban cuando les describía la pistola y las historias que él me platicaba sobre la captura de gente mala.

A él no le gustaba narrar estas historias, pero mamá quería que sus hijos lo aceptaran y sabía bien lo que les gusta oír a los niños. Ella le hacía una sugerencia para que le narrara cierta historia y él accedía contando el suceso con paciencia. Al ir profundizando en la historia, se animaba, entonces la narración tomaba proporciones míticas.

Un día mamá me preguntó cómo me sentiría si se casara con Frank. En esos días yo ya había caído por completo en sus redes. Me había llevado al partido de los Gigantes en el Polo Grounds. Me había llevado a Coney Island. Platicaba conmigo. Me daba consejos acerca de cómo defenderme cuando me enfrentara con bravucones en la calle. Su pistola centelleaba misteriosamente bajo su saco. Yo podría tener un papá, un protector, alguien que me llevara a los juegos.

—¡Excelente! —respondí—. ¡Me encantaría!

Llegó la fecha. Fuimos a un hotel rural cuyo propietario era amigo de mamá. Otro amigo de ella, un juez, presidió la boda. Ya tenía un papá. Ahora todo iba a estar bien.

Yo no sabía, como niño de once años, cuánto cambiaría mi vida ese acontecimiento.

Soltero hasta entonces, mi nuevo papá tenía muy poca experiencia con los niños. No tuvo la oportunidad de aprender su nuevo papel de padre en la forma natural, paso a paso, como suelen hacerlo los demás. Jamás cargó a un bebé propio, ni compartió el deleite de los primeros pasos de ese bebé o se turnó para alimentarlo, vestirlo, cambiarle los pañales o cualquiera de las incontables tareas que conlleva la paternidad.

De pronto se vio inmerso en el papel de padre y se refugió en lo que sabía. Su experiencia con muchachos se limitaba a haber arrestado a algunos. Sus recuerdos acerca de lo que es la paternidad provenían de los métodos de finales de siglo utilizados por su propio padre. Supuso que se sentaría en la cabecera de la mesa y daría órdenes que niños complacientes obedecerían de inmediato.

Para su desgracia, mi madre nos había educado para ser más independientes y participativos en las discusiones en la mesa. Nos animaba a dar nuestra opinión. Nos enseñó a hablar lo mismo que a escuchar. No nos enseñó a ser descorteses o rudos, pero sí a debatir.

Y, para acabar de complicar las cosas, se presentó el inicio de la pubertad. Frank McCarty se transformó en padre, con su necesidad de ejercer control, ser sabelotodo y líder, en el preciso momento en el que yo me transformaba en adolescente y empezaba la búsqueda de mi independencia y mi autonomía. Yo me sentía tan atraído por él, que comencé a quererlo casi de inmediato. Sin embargo, al mismo tiempo, me enojaba con él sin cesar. Él se interponía en mi camino. No era fácil de manipular. Mi hermano y yo éramos maestros para manipular a mamá, pero Frank McCarty era inmune a nuestros trucos.

Así empezaron ocho años de infierno puro para mí y para mi nuevo papá. Él establecía reglas y yo trataba de burlarlas. Él me enviaba a mi recámara por mi rudeza o por mi actitud y yo me quejaba amargamente con mi madre sobre semejantes prácticas dictatoriales. Ella se esforzaba por reconciliarnos, pero nada, no había resultados.

Debo admitir que muchas veces, entre los trece y los veinte años, me vi atrapado en un estado de ira y frustración tras percibir algún menosprecio por parte de mi padre. Pero apasionados como fueran estos momentos, eran enmarcados por momentos grandiosos con él. Ir de compras con él, cada semana, por flores para "dar una sorpresa a mamá", como él decía. Ir a algún partido. Sentarme con él en el auto, ya tarde en la noche, observando una casa. Cuando volvió a ser detective privado en la ciudad de Nueva York, me llevaba a algunas rondas, si se trataba del fraude a una aseguradora o algo similar en lo que no fuera a haber violencia. Nos sentábamos en el auto a oscuras, mientras bebíamos café, y él hablaba del "trabajo", como llamaba a su carrera en el departamento de policía. En esos momentos yo me sentía tan especial, tan amado, tan incluido. Aquello cumplía exactamente con mi fantasía. Un papá que me amara, que hiciera cosas conmigo.

Recuerdo muchas, muchas noches, en las que me sentaba frente a él en un sofá otomano y él me frotaba la espalda mientras veíamos televisión. Sus abrazos eran fuertes. No temía decir "te quiero". Me fascinaba la ternura que este hombre rudo y eficaz era capaz de expresar. Sin embargo, él podía pasar de uno de estos momentos íntimos a gritar con el rostro enrojecido y escupiendo ira si yo hacía o decía algo que él considerara grosero. Su carácter era un fenómeno natural similar a un tornado. Daba temor verlo, y era peor ser el objeto de su ira.

En bachillerato los momentos de enojo aumentaron y mi cercanía con él disminuyó. Cuando entré en la universidad, me había alejado de él casi por completo. Si en mis conversaciones con amigos yo hablaba mal de él, me ganaba innumerables muestras de simpatía. Yo narraba sus últimas "atrocidades" y ellos, empantanados en la adolescencia igual que yo, se quejaban con vehemencia de todo lo que teníamos que tolerar de nuestros padres.

En el último año de la universidad, no sé si porque hubo algún suceso que lo precipitara, o sólo por el hecho de que yo era un año mayor y estaba un paso más adelante en mi camino hacia la madurez, comencé a repensar mi relación con él.

"He aquí un tipo que se enamora de mi mamá", pensé "y se ve enganchado con dos adolescentes como precio por casarse con ella. No se enamoró de dos muchachos, sólo de mi madre. Pero veníamos en el paquete.

"Y miren todo lo que hace: no sólo se relaciona con ella y nos ignora. No. Él hace todo lo posible por ser un verdadero padre para mí. Todo el tiempo arriesga su relación. Trató de enseñarme un conjunto de valores. Me hizo cumplir con mis tareas. Me llevó a la sala de emergencias a las dos de la mañana. Pagó por mi educación sin rezongar. Me enseñó a hacer el nudo de la corbata. Hizo todas las cosas que hace un papá sin esperar una retribución. No es cualquier cosa. Creo que soy un muchacho muy afortunado de tenerlo en mi vida."

Yo sabía que mi papá provenía de una vieja familia irlandesa de Nueva Inglaterra. Nunca fueron famosos, poderosos ni ricos, pero ya llevaban aquí mucho, mucho tiempo. Le entristecía que él era el último que "llevaría el apellido".

—Morirá conmigo —solía decir.

Su hermano había muerto sin hijos y sus hermanas, al casarse, habían tomado el apellido de sus esposos, por lo que sus hijos tampoco llevarían el apellido.

Mi hermano y yo todavía llevábamos el apellido de nuestro padre biológico; el que nos había procreado, pero que no se había quedado para terminar el trabajo. La idea de que el hombre que era realmente mi padre, como yo entendía la palabra, no sería conmemorado por no tener un hijo con su apellido, empezó a preocuparme.

Las ideas que se nos ocurren gradualmente cuajan y se realizan. Esta idea creció y se fortaleció. Se fue apoderando cada vez más de mis pensamientos. Llegó el momento en el que fue inevitable llevarla a cabo. Acudí con un abogado y después a la corte. En secreto cambié mi nombre por el de McCarty. No lo comenté con nadie. Esperé tres meses hasta el cumpleaños de papá, en octubre.

Abrió lentamente la tarjeta de cumpleaños. Por lo general cuando le daba una tarjeta, iba anexa a la caja del regalo. En aquella ocasión no había caja, sólo el sobre. Sacó la tarjeta y, junto con ella, el certificado de la corte.

En la tarjeta escribí: "No hay tienda que venda un verdadero regalo para un padre y un hijo. Tú me diste raíces, yo te doy ramas".

Aquella fue una de las dos o tres veces en las que vi llorar a papá. Las lágrimas brotaban incontrolables. Sonrió, movió la cabeza y suspiró. Entonces se levantó y me envolvió en uno de sus famosos abrazos de oso.

—Gracias, muchacho, gracias. Simplemente no sé qué decir. Gracias.

Mamá también se quedó atónita y muy feliz por los dos. La guerra había terminado. Yo había traído el acuerdo de armisticio envuelto en una tarjeta de cumpleaños.

Hanoch McCarty

El único recuerdo que persiste

Uno nunca sabe cuando está creando un recuerdo.

Rickie Lee Jones

Tengo muchos recuerdos de mi padre y de mi crecimiento junto a él en nuestro departamento cercano a las vías del tren elevado. Durante veinte años escuchamos el rugir del tren que pasaba junto a la ventana de su habitación. Ya tarde, esperaba solo en el andén el tren que lo llevaría a su trabajo en una fábrica en la que se desempeñaba en el turno de la medianoche.

En aquella noche específica, esperé con él en la oscuridad para decirnos adiós. Su rostro estaba desconsolado. Su hijo más joven había sido reclutado. A las seis de la mañana del día siguiente yo estaría prestando juramento, mientras él estuviera en su máquina de cortar papel en la fábrica.

Mi padre había hablado de su ira. No quería que *ellos* se llevaran a su hijo de sólo diecinueve años, quien nunca había tomado un trago ni fumado un cigarrillo, a pelear en una guerra en Europa. Colocó las manos en mis débiles hombros.

—Ten mucho cuidado, Srulic, y si alguna vez necesitas algo, escríbeme y yo veré que lo recibas.

De pronto escuchó el rugir del tren que se acercaba. Me apretó entre sus brazos y me besó con cariño en la mejilla. Con los ojos llenos de lágrimas, murmuró:

—Te quiero, hijo.

Entonces llegó el tren, las puertas se cerraron con él en el interior y mi padre desapareció en la noche.

Un mes más tarde, a los cuarenta y seis años, mi padre murió. Ahora, al sentarme a escribir esto, tengo setenta y seis años. Una vez escuché decir a Pete Hamill, el reportero de Nueva York, que los recuerdos son la herencia más valiosa del hombre, y yo soy del mismo parecer. Viví cuatro invasiones durante la Segunda Guerra Mundial. He tenido una vida llena de todo tipo de experiencias. Pero el único recuerdo que persiste es el de la noche en que papá me dijo "te quiero, hijo".

Ted Kruger

Despedida en Urbana

Tus hijos siempre son tus bebés aunque tengan canas.

Janet Leigh

En quince minutos debe llegar a la estación el autobús que ha de llevarme de regreso a casa en Bozeman, Montana. Dentro de quince minutos mi vida dará un giro y mi relación con mi hijo más joven, Keith, sufrirá un cambio.

Viajamos juntos en auto a Urbana después de Navidad, para que se estableciera en un departamento y en una nueva vida. Asistirá a la Universidad de Illinois con una beca para jugar basquetbol en silla de ruedas. Keith es parapléjico.

—Bueno, mamá, creo que eso es todo. Se acabó el "tira pum paf".

Keith habló en un código familiar. Es su forma de decir: "Ya no tendré a nadie que me estire las piernas por las mañanas", lo que implica que él tendrá que hacer asimismo otras cosas por sí solo, como lavar sus trastes y su ropa. También es su forma de reconocer las pequeñeces que compartimos, como el código mismo.

—Nada de "tecno pum paf" —respondí, lo cual significa: "ya no podrás burlarte de mi ineptitud para manipular el mundo físico". (Un "tecno" es, en nuestra jerga familiar, alguien como yo, alérgica a los artefactos tecnológicos de nuestros tiempos.)

Mi "tecnofobia" lo exaspera, aunque también lo divierte, porque nunca se cansa de bromear a mis expensas. Para él, yo soy el "Dorisaurio", una criatura en vías de extinción. Y estoy de acuerdo con él, soy una mujer analógica en un mundo digital. Nuestro alejamiento afectivo inició hace mucho. Incluso cuando era niño y me acompañaba a hacer las compras fingía no conocerme y caminaba a veinte pasos atrás o adelante de mí, siempre mirando de reojo para no perderme. Nuestro distanciamiento abrió un amplio espacio para reír, cosa que ambos pudimos disfrutar al andar juntos a tropezones.

Ambos estamos muy conscientes de que nuestra relación de cariño mutuo está cambiando. Por fortuna, como resultado de la confianza forzada que se establece entre el "procurador de cuidados y el cliente", aprendí a tomar las cosas a broma con mi hijo. Muchas madres encontrarían admirable el ánimo festivo de nuestra relación. Pero por el accidente, quizá correría con suerte si recibiera tres o cuatro llamadas telefónicas al año por parte de Keith, así es como se presentaban las cosas.

Ninguno de nosotros mira al otro; de hecho, ambos miramos con gusto hacia otro lado. Estamos conscientes de los demás en la estación del autobús. Concluyo que el viajero que está frente a mí sólo simula leer su novela de supermercado con grabados dorados. De esa manera puede mantener una distancia cortés de lo que es obviamente un momento conmovedor y privado. Por otro lado, dudo que los otros pasajeros —una cabeza entre un par de audífonos y una boca devorando un montón de costillas preparadas— adviertan algo que esté más allá de un radio de unos cuantos centímetros. Sin embargo, figuran como una audiencia obligatoria.

Quiero apresurar el momento de nuestra separación, así que me dispongo a precipitarlo.

—No tiene caso que sigas esperando aquí, Keith. Todavía falta como media hora para que empecemos a abordar. Estaré bien.

Keith recibe mi sugerencia con alivio.

—Bueno, entonces nos vemos.

Si soy sincera, esperaba una leve protesta por cortesía a la cual pudiera haber respondido con un ligero tono de mártir, "no, de veras. Estaré bien". Pero las protestas y los juegos de buenos modales no son el estilo de Keith, así que se prepara para alejarse.

Ahora llega lo inevitable. Me inclino para abrazar a mi hijo, ya que ésta podría ser la última vez en mucho tiempo. Por desgracia olvido que la única manera de abrazar con gracia a alguien que está en una silla de ruedas es arrodillándose, así que nuestro abrazo resulta espantoso. Nos damos las tres palmaditas acostumbradas que en nuestra familia significan "se acabó", "que Dios te bendiga" o, en este caso, "eres libre".

Por un instante nuestros ojos se encuentran. Los suyos están rojos, pero no está llorando. Por el contrario, ríe nerviosamente. Por primera vez en su vida es oficialmente "independiente".

Sin lugar a dudas, Keith habría sido independiente a los dieciocho, de no haber sido por ese último safari de *surfing* con Richard, su mejor amigo. Una mañana de julio de 1989, muy temprano, tomaron la autopista costera del Pacífico. Richard, que llevaba pocos meses conduciendo, se sentó tras el volante de mi camioneta Nissan. Puesto que Keith se había desvelado la noche anterior, dormitaba en el asiento derecho. Richard tomó una curva demasiado rápido y se abrió demasiado. La camioneta dio un vuelco en el borde de grava y rodó varias veces. Ninguno de los dos perdió el conocimiento, pero Keith quedó atrapado en la cabina aplastada. Al comprender que ambos estaban con vida, Richard bromeó.

—¡Oye! ¿Estás ahí?

—La mitad lo está. Del resto no estoy seguro —fue la respuesta fatal de Keith. En cosa de una hora, las "mordidas de la vida" llegaron y arrancaron a Keith de ahí. Un helicóptero lo llevó a uno de los centros de traumatología mejor equipados del mundo. Richard salió con lesiones menores.

Al día siguiente Keith cumplió diecisiete años en el Hospital Northridge.

El hombre de la novela levanta la vista. ¿Ve a una mujer cuyo último hijo se aleja de sus cuidados; a un hombre joven que sigue adelante en la forma tradicional para buscar su fortuna? Me pregunto qué ve.

Keith avanza sobre sus ruedas de carreras y sale con brío, consciente de su notoriedad, y con determinación en cada paso. Lo veo por la ventana. Cuando llega al auto mueve el cuerpo con gracia, lo desliza hasta el asiento del conductor y con destreza desarma la silla. Keith no es un "tecno", no desperdicia ni un movimiento. Al sentir mi mirada, levanta la vista. Me despido con la mano; se despide del mismo modo.

Es la señal para soltar las lágrimas que he estado aguantando. Me pregunto si Keith también está llorando.

"No es su estilo", decido, pero aun así, no es algo imposible. Sé que es bueno que haya en mis hijos misterios profundos que no debo penetrar.

De pronto tomo conciencia de unos ojos curiosos detrás de mí. La novela, los audífonos y las costillas han perdido su atractivo. La atención se centra en mí. Se registra como compasión.

Keith conduce el auto por la puerta de enfrente de la estación y mueve la mano de nuevo. Pero en esta ocasión no se despide, saluda.

Doris W. Davis

Mi propia experiencia

No hay ventajas externas que proporcionen confianza en uno mismo. La fuerza del ser... debe salir de dentro.

R. W. Clark

De lo primero que tomé conciencia fue de sus manos. No recuerdo qué edad tenía yo, pero todo mi ser y mi existencia estaban relacionados con esas manos. Esas manos pertenecían a mamá, y ella está ciega.

Me recuerdo sentada en la mesa de la cocina coloreando una lámina.

—Mira mi dibujo, mamá. Ya lo terminé.

—¡Oh, qué bonito! —respondió, y siguió con lo que estaba haciendo.

—No, mira mi dibujo con los dedos —insistí. Entonces se me acercó y yo guié sus manos por toda la lámina. Yo siempre disfrutaba su respuesta animada de que el dibujo estaba precioso.

Jamás se me ocurrió que fuera extraño que ella sintiera las cosas con las manos, me tocara la cara o tocara las cosas que yo le mostraba. Yo sabía que papá me veía a mí y las cosas que yo le mostraba, con los ojos, al igual que la abuela o cualquier otra de las personas que venían a nuestra casa; pero jamás consideré inusitado que mamá no usara los ojos.

Todavía recuerdo cómo me peinaba el largo cabello. Colocaba el pulgar de la mano izquierda entre mis cejas, justo arriba de la nariz, y el dedo índice en la coronilla de mi cabeza. Tal vez estaba alineando esos dos puntos para entonces llevar el peine desde el pulgar hasta el dedo índice. Así esperaba ella que la división de mi peinado quedara en medio de la cabeza. Jamás cuestioné su habilidad para llevar a cabo esta labor.

Cuando me caía varias veces al jugar, iba llorando con mamá y le decía que mi rodilla estaba sangrando; entonces sus manos gentiles lavaban la rodilla y con gran habilidad le ponían un vendaje.

Un día descubrí, por desgracia, que había ciertas cosas que mamá no tocaba. Encontré un pequeño pájaro muerto en la acera de nuestra casa y lo llevé adentro para enseñárselo.

—Mira lo que encontré —exclamé mientras tomaba su mano para que tocara al pájaro.

—¿Qué es eso? —preguntó. Tocó con delicadeza al animal muerto en la palma de mi mano y pude percibir el terror en su voz cuando preguntó de nuevo—: ¿Qué es esto?

—Un pajarito muerto —contesté. Entonces gritó, de inmediato retiró la mano, me ordenó que me fuera con el pájaro y me advirtió que jamás la volviera a hacer tocar tales cosas.

Nunca pude estimar la magnitud de sus sentidos del olfato, auditivo y del tacto. Un día vi un platón de galletas que mamá acababa de colocar en la mesa. Toqué una disimuladamente y miré a mamá para ver qué decía. Puesto que no dijo ni una sola palabra, pensé que, en tanto no sintiera con sus manos lo que había hecho, no lo sabría. No tomé en cuenta que podía escucharme masticar, y cuando pasé a su lado con la galleta crujiendo en la boca, me atrapó del brazo.

—La próxima vez, Karrey, por favor pídeme la galleta en lugar de tomarla —exclamó—. Puedes comer todas las que quieras, pero pídelas.

Tengo un hermano y una hermana mayores y un hermano menor. Ninguno de nosotros podía imaginarse cómo sabía ella quién había hecho cierta cosa. Un día mi hermano mayor llevó a casa un perro extraviado y lo introdujo a hurtadillas escaleras arriba hasta su habitación. Al poco rato mamá subió, abrió la puerta y le ordenó que sacara al perro. Nos asombró cómo se había enterado que había un perro en la casa.

Al crecer comprendí que mamá nos crió usando la psicología. Y con el oído y el olfato tan agudos, ataba cabos y por lo general daba con la respuesta correcta. Había escuchado las uñas del perro mientras éste se movía en la habitación.

Y ¿qué decir de su nariz? ¡Todo lo que sabía! Un día en que una amiga y yo jugábamos con las muñecas en mi habitación, me deslicé a la recámara de mamá y rocié las muñecas con un poco de su perfume. Luego, cometí el error de correr escaleras abajo para preguntarle algo. De inmediato ell me advirtió que sabía que yo había estado en su recámara y había usado su perfume.

¡Y sus oídos! ¿Cómo sabían las cosas que hacíamos? Una noche estaba yo sola en la sala haciendo mi tarea con el televisor encendido a bajo volumen cuando mamá entró en la habitación.

—Karrey, ¿estás haciendo tu tarea o viendo televisión?

Me sorprendí un poco pero le contesté y seguí con la tarea. Después pensé en ello y me pregunté cómo habría sabido que era yo la que estaba en la sala y no alguno de mis hermanos. Se lo hice saber.

—Lo siento, cariño —explicó acariciando mi cabeza—. Aunque ya no tienes adenoides, sigues respirando por la boca, y te escuché.

Mamá también poseía un buen sentido de la dirección. Teníamos una bicicleta doble y nos turnábamos para andar con ella. Yo me sentaba en el asiento delantero para guiar y pedalear, y ella se sentaba en el asiento posterior. Siempre parecía saber dónde estábamos e indicaba las direcciones con claridad y firmeza. Siempre sabía cuando nos acercábamos a un cruce y cuando un auto se aproximaba a alta velocidad por el lado derecho.

¿Cómo supo aquella noche en la que yo me estaba bañando, cuando tendría unos nueve años, que no me había enjabonado? Yo estaba muy ocupada jugando con mis juguetes en el agua y divirtiéndome mucho.

—Karrey, no te has tocado ni la cara ni las orejas ni nada, ¿o sí?

No, no me había tocado nada, pero ¿cómo lo supo? Claro que sabía que una niña que está jugando en la tina de baño no se detiene a enjabonarse. Comprendí que ella también usaba los ojos de la mente para educarnos.

Sin embargo, había una cosa que nos desconcertaba, y era que mamá jamás supo realmente qué aspecto teníamos. Un día, yo tendría unos diecisiete años, estaba frente al espejo del cuarto de baño peinándome, cuando le pregunté:

—Tú no sabes qué aspecto tiene ninguno de nosotros, ¿o sí, mamá?

Ella estaba tocando mi cabello para ver qué tan largo estaba.

—Claro que sí —respondió—. Sé qué aspecto tenías el día que colocaron tu cuerpecito en mis brazos por primera vez. Sentí cada centímetro tuyo y sentí la suave pelusa de tu cabeza. Supe que eras rubia porque tu papá me lo dijo. Supe que tenías ojos azules porque me lo dijeron. Sé que eres muy bonita porque me lo dice la gente. Pero sé perfectamente cómo eres, cómo eres por dentro —mis ojos se nublaron—. Sé que eres ágil y fuerte porque te encanta estar en la cancha de tenis. Sé que tienes buen carácter porque te escucho hablar con el gato y con los niños. Sé que eres bondadosa. Sé que eres vulnerable porque he visto tus reacciones de dolor ante las críticas de alguien. Sé que tienes temperamento porque no te falta valor para levantarte y defender tus convicciones. Sé que sientes respeto por los seres humanos por cómo me tratas. Sé que eres sabia porque para la edad que tienes te conduces con sabiduría. También sé que tienes voluntad propia porque he percibido un indicio de temple que me dice que nadie te puede disuadir de hacer las cosas correctas.

Sé que tienes devoción por la familia porque te he escuchado defender a tus hermanos. Sé que posees una gran capacidad de amor porque nos lo has mostrado a mí y a tu padre muchas veces. Nunca has dado muestras de frustración por tener una madre ciega. Por lo tanto, querida —y me acercó a ella—, te veo y sé exactamente qué aspecto tienes, y para mí eres hermosa.

Eso fue hace diez años, y yo acabo de ser madre. Cuando colocaron a mi precioso bebé entre mis brazos, yo, como mi madre, pude ver a mi pequeño y saber lo hermoso que era. La única diferencia es que yo lo pude ver con los ojos. Pero a veces me gustaría apagar las luces, sostenerlo y tocarlo, para ver si puedo sentir todas las cosas que mi madre sintió.

Karrey Janvrin Lindenberg

Un simple acto de amor

Mil palabras no dejan una impresión tan profunda como una obra.

Henrik Ibsen

Cuando yo estaba creciendo, mi padre siempre dejaba lo que estuviera haciendo para escucharme narrar, casi sin respirar, los detalles de mi día. Para él ningún tema era prohibido. Cuando yo era una adolescente de trece años, flaca y desgarbada, me enseñó cómo pararme y caminar como una dama. A los diecisiete, cuando estaba locamente enamorada, solicité su consejo para conquistar a un estudiante nuevo en la escuela.

—Mantén la conversación neutral —aconsejó—. Y hazle preguntas sobre su auto.

Seguí sus sugerencias y todos los días lo ponía al tanto de mi progreso.

—¡Terry me acompañó hasta mi casillero! ¿Sabes qué? ¡Terry me tomó de la mano! ¡Papá! ¡Me pidió que saliera con él!

Terry y yo salimos por más de un año, y a menudo papá bromeaba.

—Yo te puedo decir cómo conquistar a un hombre, pero lo difícil es deshacerte de él.

Cuando me gradué de la universidad, estaba lista para desplegar las alas. Conseguí un trabajo para proporcionar educación especial en una escuela de Coachella, California, un pueblo en el desierto a unos 270 kilómetros de casa. No era el trabajo que yo había soñado. Una pensión para gente de bajos ingresos que estaba frente a la escuela, era un refugio de drogadictos. Pandillas callejeras rondaban la escuela después del oscurecer. Muchos de mis alumnos, muchachos entre diez y catorce años de edad emocionalmente perturbados, habían sido arrestados por robo de tiendas, autos o por incendios premeditados.

—Ten cuidado —me advirtió papá en alguna de mis frecuentes visitas semanales a casa. Le preocupaba que viviera sola, pero yo tenía veintitrés años, era entusiasta e ingenua, y necesitaba vivir por mi cuenta. Además, en 1974 eran pocos los trabajos para maestros, y yo había tenido suerte de conseguir uno.

—No te preocupes —lo tranquilicé, mientras cargaba el auto para iniciar mi viaje de regreso al desierto y a mi trabajo.

Unas noches más tarde tuve que quedarme después de clases a reacomodar mi salón. Al terminar, apagué la luz, cerré la puerta y me dirigí hacia la salida. ¡Estaba cerrada! Miré alrededor. Todos —maestros, cuidadores y secretarias—, se habían ido a casa y, al no darse cuenta de que yo seguía ahí, me habían abandonado en la escuela. Miré el reloj, eran casi las 6:00 p.m. Me concentré tanto en mi trabajo que no me di cuenta del paso del tiempo.

Después de recorrer todas las salidas encontré un espacio debajo de una puerta en la parte posterior de la escuela lo suficientemente grande como para deslizarme. Primero pasé mi bolso, me acosté de espaldas y poco a poco me arrastré hasta el otro lado.

Recogí el bolso y caminé hacia mi auto, estacionado en un terreno atrás del edificio. Sombras espectrales caían sobre el patio de la escuela.

De pronto escuché unas voces. Miré alrededor y vi a por lo menos ocho muchachos en edad de secundaria que me seguían. Iban media cuadra atrás. Incluso en la oscuridad pude ver que llevaban las insignias de una pandilla.

—¡Oye! —gritó uno—. ¿Eres maestra?

—No, es demasiado joven, debe de ser una ayudante —consideró otro.

Yo caminaba cada vez más rápido, mientras ellos seguían mofándose de mí.

—¡Oigan! Me parece bonita.

Aceleré más el paso y metí la mano en mi bolso para sacar mi llavero. "Si llevo las llaves en la mano", pensé, "podré abrir el auto y meterme antes de que..." el corazón me estallaba.

Como loca recorrí todo el interior del bolso, pero el llavero no estaba ahí.

—¡Oigan, vamos por la gran dama! —gritó uno de los muchachos.

"Dios mío, por favor ayúdame", supliqué en silencio. De pronto, mis dedos atraparon una llave suelta en la bolsa interior. Yo no sabía si era del auto, pero la saqué y la apreté con fuerza.

Caminé de prisa sobre el pasto hasta el auto y probé la llave. ¡Funcionó! Abrí la puerta, me deslicé al interior y bajé el seguro, justo en el momento en el que los adolescentes rodearon el auto para patear los costados y golpear el techo. Temblando, encendí el motor y me alejé.

Más tarde regresé a la escuela con algunos maestros. Con linternas de bolsillo encontramos el llavero en el suelo, junto a la puerta por la que me había arrastrado.

Cuando regresé a mi departamento el teléfono estaba sonando. Era papá. No le platiqué nada sobre mi penosa experiencia, pues no quise alarmarlo.

—¡Ah, se me olvidó decirte! —exclamó—. Mandé a hacer una llave extra del auto y la eché en tu monedero, sólo en caso de que la llegues a necesitar.

En la actualidad conservo esa llave en el cajón de mi tocador y la atesoro. Cada vez que la sostengo en la mano recuerdo todas las cosas maravillosas que papá ha hecho por mí a través de los años. Me doy cuenta de que, aunque él ahora tiene sesenta y ocho años y yo cuarenta, todavía busco su sabiduría, su guía y su seguridad. Sobre todo me maravillo ante el hecho de que el gesto de mandar a hacer la llave extra me salvó la vida. Y comprendo cómo un simple acto de amor puede hacer que sucedan cosas extraordinarias.

Sharon Whitley

Permiso para llorar

*Ante todo, atesora el amor que recibes. Sobrevivirá aun
después de que tu oro y tu buena salud se hayan desva-
necido.*

Og Mandino

Solo, bajo el aro de luz que caía sobre la mesa del comedor,
rodeado del resto de la casa a oscuras, me encontraba sentado
bañado en llanto.

Por fin había logrado acostar a los dos niños. Tenía poco
tiempo de ser padre soltero, y debía ser tanto mamá como
papá para mis dos hijos pequeños. Había conseguido que
ambos se lavaran, en medio de gritos de placer, locas corre-
teadas, risas y cosas que volaban por el aire. Más o menos
tranquilizados, se habían ido a la cama y yo le había frotado
a cada uno la espalda los cinco minutos prescritos. Entonces
tomé la guitarra y empecé el ritual nocturno de canciones
folk, para terminar con "All the Pretty Little Horses", la canción favorita de ambos niños. La canté varias veces, cada vez
a un rítmo más lento y menor volumen, hasta que me pareció
que se habían quedado totalmente dormidos.

Como hombre divorciado no hacía mucho y con la custodia
completa de los hijos, estaba determinado a darles una vida
hogareña lo más normal y estable posible. Para ellos ponía
cara de felicidad. Logré que sus actividades continuaran tal
y como antes. Ese ritual nocturno era igual que siempre, con
la excepción de que su mamá ahora estaba ausente. Lo había
logrado de nuevo, otro día que finalizaba con éxito.

Me levanté lentamente, con cautela, tratando de no hacer ni el más mínimo ruido que los despertara de nuevo, pues me pedirían más canciones y cuentos. Me salí de puntillas de la habitación, entrecerré la puerta y bajé.

Sentado en el comedor, me hundí en la silla, consciente de que esa era la primera vez que podía sentarme desde que había llegado a casa del trabajo. Había cocinado, servido la comida y estimulado a dos pequeños a comer. Había lavado la vajilla al tiempo que respondía a sus muchas peticiones de atención. Había ayudado a la mayor con su tarea de segundo grado, apreciado los dibujos del más pequeño y me había asombrado ante la elaborada estructura que había hecho con bloques de juguete. El baño, los cuentos, la frotada de espalda, el canto y ahora, por fin, un breve momento para mí mismo. El silencio era un alivio para la ocasión.

Entonces todo se me vino encima: la fatiga, el peso de la responsabilidad, la preocupación sobre las cuentas que no estaba seguro de poder pagar ese mes. Los interminables detalles de manejar una casa. Hacía muy poco estaba casado y tenía una pareja con quien compartir estas tareas, estas cuentas, estas preocupaciones.

Y la soledad. Me sentí como si estuviera en el fondo de un océano de soledad. Todo se me juntó y, de pronto, me sentí perdido, abrumado. Inesperadamente me sobrecogieron sollozos convulsivos. Me vi ahí sentado, llorando en silencio.

Justo entonces, un par de pequeños brazos envolvieron mi cintura y una carita miró hacia arriba. Volteé hacia abajo y vi el rostro compasivo de mi hijo de cinco años.

Me sentí avergonzado de que mi hijo me viera llorar.

—Lo siento, Ethan, no sabía que todavía estabas despierto —no sé por qué, pero mucha gente se disculpa cuando llora y yo no era la excepción—. No era mi intención llorar. Lo siento. Sólo estoy un poco triste esta noche.

—Está bien, papá. Está bien que llores, *eres sólo una persona*.

No puedo expresar lo feliz que me hizo este pequeño, quien en la sabiduría de la inocencia me dio permiso para llorar. Parecía como si me dijese que no siempre tenía que ser fuerte, que había ocasiones en las que podía permitirme sentirme débil y externar mis sentimientos.

Se me trepó en el regazo y nos abrazamos y platicamos un rato. Después lo llevé de nuevo a su cama y lo arropé. De algún modo también a mí me fue posible dormir esa noche. Gracias, hijo.

Hanoch McCarty

El abrazo perfecto

Por favor sigue viendo a tus hijos como tesoros valiosos. Hónralos a ellos y a ti mismo.

Bernie Siegel

El salón estaba lleno de maestros y administradores. Era un salón largo con esas paredes desnudas y medio despintadas que uno asocia con las escuelas, las rectorías de iglesia y otras instituciones de pocos fondos. Los únicos detalles para mitigar la simpleza eran la bandera en la pared de enfrente y el pizarrón resquebrajado. Este enorme salón servía a muchos propósitos: salón de clases, espacio de reunión y sala recreativa para esta pequeña y antigua universidad.

Me habían invitado a presentar, para un grupo considerable de maestros locales, un taller sobre métodos novedosos de enseñanza.

Precisamente en esa época yo era padre soltero con la custodia total de mis dos hijos. Mi hija, Shayna, tenía unos siete años y mi hijo, Ethan, sólo cinco. Puesto que no se trataba de un día de escuela, hice arreglos para que una persona cuidara de ellos mientras yo iba al lugar de la conferencia. Por desgracia, la niñera me había cancelado esa misma mañana y yo había tenido que llevar a los dos niños conmigo. Ya antes habían estado en muchas de mis presentaciones, así que conocían "la conducta correcta". Sabían que tenían que sentarse y jugar tranquilos.

Shayna llevó libros y material de dibujo para ocupar su tiempo. También llevó su colección de muñecas, entre ellas una caja con muñecas Barbie y sus innumerables accesorios. Ethan llevó un maletín de bloques para construir y soldados con todas sus armas y equipo.

Se sentaron ante una mesa en la parte posterior del salón, sin mirar hacia donde yo estaría haciendo mi presentación, ambos absortos en sus juegos.

El grupo de maestros era animoso y responsable. En todas las actividades que propuse, ellos habían cumplido con su parte entusiasmados. La participación fue casi total cuando les mostré los métodos de enseñanza y organicé pequeños grupos para intercambiar ideas.

En un momento dado una maestra levantó la mano.

—Me pregunto qué piensa usted sobre los abrazos —manifestó.

—Explíqueme un poco más su preocupación —respondí.

—Bueno, yo soy maestra de primaria, de cuarto y quinto grados combinados, y a veces me gustaría abrazar a los niños, en especial a aquellos que suelen tener problemas. ¿Considera usted que está bien hacerlo?

—En realidad, es extraño el mundo en que vivimos —respondí—. El abrazo es una expresión de afecto totalmente espontánea y natural. A menudo es lo mejor que uno puede hacer cuando un niño está herido, deprimido, asustado o llorando. Sin embargo, hemos aprendido a preocuparnos por eso. Es triste que los medios de comunicación reporten tantos casos de adultos que tocan a los niños de manera inapropiada. Por ello es importante tener normas y límites claros respecto a cómo, cuándo y dónde tocamos a los niños. Sí, considero que el abrazo es algo muy bueno —y terminé con este comentario—: Cuando los adultos se abrazan, siempre hay cierta falta de naturalidad. Una parte de uno está comprometida en el abrazo y la otra está pensando algo como: "me pregunto si esta persona comprende lo que en verdad quiero decir con este abrazo" o "me pregunto lo que esta persona pretende con *su* abrazo" o "me pregunto si alguien más está mirando este abrazo y qué piensa" o —añadí para dar un toque de humor— incluso, "me pregunto si pagué la cuenta de mi tarjeta de crédito" —el grupo estalló en carcajadas—. Como adultos, tras haber pasado por tantas experiencias, cada uno acarrea su propia historia al dar un abrazo, además de todas las preocupaciones que implica esa historia. Asimismo, nos preocupamos por, pensamos en, planeamos, nos comprometemos con, tantas y tantas cosas, que es difícil estar total y completamente en el abrazo. La razón por la que pienso en todo esto es porque puedo ver a mis hijos al fondo del salón.

En ese momento todos en el grupo giraron para mirar a mis hijos, que todavía estaban sentados tranquilos, absortos en sus juegos y sin mirar al grupo. Luego, los participantes giraron de nuevo hacia mí.

—Verán —proseguí—, cuando llego a casa al final de un día de trabajo, por muy cansado que esté, una de las cosas que más espero es un abrazo de mis hijos. Tan pequeños como son tienen menos historia, menos preocupaciones complicadas y ninguna cuenta por pagar. En cuanto cruzo la puerta, cada uno casi vuela hasta mí para abrazarme y besarme. Mi hijo, en particular, casi funde su cuerpo en el mío, esconde la cara en mi cuello y sólo me abraza. Creo que en ese momento él está abrazándome total y completamente, sin pensamientos que lo distraigan y sin reservas. Esos son los momentos de mayor ternura en mi vida.

El grupo sonrió en señal de aprobación y eso dio pie a un sinnúmero de conversaciones laterales que duraron algunos minutos antes de que continuáramos con el taller.

Seis o siete semanas más tarde regresé a casa después de un largo y fatigoso día en la universidad, donde enseñaba psicología educativa. Metí el auto en la cochera, tomé mi portafolios y entré en la casa por la puerta de la cocina. Los dos niños bajaron las escaleras volando y gritando.

—¡Papá, papá, papá!

Shayna saltó a mis brazos.

—Te extrañé papá. ¿Sabes lo que hice?

Y claro que quería saber todo lo que había hecho. Su nana rebosaba de alegría mientras Shayna narraba su historia. Luego, cuando hubo terminado conmigo, salió corriendo de la cocina alegremente y regresó a su último proyecto.

Ethan apenas si podía contenerse. Él también saltó hasta mi pecho y me abrazó con todas sus fuerzas. Al ocultar su rostro en mi cuello su respiración se tranquilizó y su cuerpo se ablandó cuando pareció fundirse con el mío. Entonces retiró un poco la cara y me susurró al oído:

—¡Me pregunto si pagué la cuenta de mi tarjeta de crédito!

Hanoch McCarty

De ganadores a ganadores

La honestidad es el primer capítulo en el libro de la sabiduría.

Thomas Jefferson

Como entrenador de bachillerato hacía todo lo que estaba en mis manos para ayudar a mis muchachos a ganar sus partidos. Me esforzaba por obtener la victoria tanto como ellos.

Sin embargo, un incidente dramático posterior a un juego en el que yo oficié como árbitro, cambió mi perspectiva de lo que es una victoria y una derrota. Fui árbitro en un partido de basquetbol de campeonato de liga en New Rochelle, Nueva York, entre el equipo New Rochelle y el Yonkers High. El entrenador de New Rochelle era Dan O'Brien, y el de Yonkers, Les Beck.

El gimnasio estaba lleno hasta su máxima capacidad y el volumen del escándalo hacía imposible oír algo. El partido se estaba jugando bien y bastante reñido. Yonkers llevaba la delantera por un punto cuando miré el reloj y descubrí que quedaban sólo treinta segundos de juego. Los Yonkers, en posesión del balón, hicieron un pase, un disparo y fallaron. New Rochelle recuperó, llevó el balón a través de la cancha y disparó. El balón giró tentadoramente sobre el aro y erró. Los fanáticos gritaron.

New Rochelle, el equipo local, recuperó el balón y lo encestó para lo que pareció la victoria. El alboroto era ensordecedor. Miré el reloj y vi que el partido había terminado. No había escuchado la chicharra final debido al ruido. Verifiqué con el otro oficial, pero no me pudo ayudar.

Al buscar ayuda en ese manicomio me acerqué al cronometrista, un joven de unos diecisiete años.

—Señor Covino —dijo—, la chicharra sonó en el momento en el que el balón giró sobre el aro y erró, antes del último enceste.

Me encontré en la poco envidiable postura de tener que dar al entrenador O'Brien la mala noticia.

—Dan —articulé—, el tiempo terminó antes de la última canasta. Yonkers ganó el partido.

Su rostro se ensombreció. El cronometrista se acercó.

—Lo siento, papá —afirmó—. El tiempo terminó antes de la última canasta.

De pronto, como si saliera el sol de atrás de una nube, el rostro del entrenador O'Brien se encendió.

—Está bien, Joe —exclamó—. Hiciste lo que tenías que hacer. Estoy orgulloso de ti —volviéndose hacia mí, añadió—: Al, quiero presentarte a mi hijo Joe.

Los dos salieron de la cancha juntos, el entrenador con el brazo alrededor del hombro de su hijo.

Al Covino
Referido por Rob Nelson

Lecciones de beisbol

Siempre hay dos alternativas. Dos caminos a seguir.
Uno es fácil, y su única recompensa es que es fácil.

Fuente desconocida

Como cualquier niño de once años yo era fanático del beisbol. Escuchaba los partidos en la radio y los veía por televisión. Los libros que leía eran sobre beisbol. Llevaba tarjetas de beisbol a la iglesia con la esperanza de intercambiarlas con otros fanáticos. ¿Mis fantasías? Todas relacionadas con el beisbol.

Jugaba beisbol siempre que podía y donde podía. Lo jugaba organizado o improvisado. Jugaba a atrapar bolas con mi hermano, con mi papá, con los amigos. Y si todo esto me fallaba, botaba una bola de goma en las escaleras del pórtico, imaginando todo tipo de cosas maravillosas que nos sucedían a mí y a mi equipo.

Fue con esta actitud que ingresé a la temporada de la liga infantil de 1956. Yo era parador en corto. Ni bueno ni malo, sólo fanático.

Gordon no era fanático y tampoco era bueno. Se había mudado a nuestro vecindario ese año y se inscribió para jugar beisbol. La manera más amable de describir las habilidades de Gordon para el juego es decir que no tenía ninguna. No sabía atrapar la bola. No podía batear. No sabía lanzar. No sabía correr.

La verdad es que Gordon le tenía miedo a la bola.

Me sentí aliviado cuando se hicieron las selecciones finales y Gordon quedó en otro equipo. Todos teníamos que jugar por lo menos la mitad de cada juego y yo no veía la forma en la que Gordon podía mejorar las posibilidades de mi equipo. Mala suerte para el otro equipo.

Después de dos semanas de práctica Gordon se retiró. Mis amigos que estaban en su equipo rieron cuando me platicaron cómo el entrenador había mandado a dos de los mejores jugadores para que se llevaran a Gordon entre los árboles y tuvieran una plática con él. "Desaparece" fue el mensaje enviado, y "desaparece" fue el mensaje escuchado.

Gordon desapareció.

Esa situación violaba el sentido de justicia de mis once años, así que hice lo que hubiera hecho en mi lugar cualquier jugador indignado. Corrí el chisme. Narré a mi entrenador la historia completa. Relaté el episodio en detalle, imaginando que él se quejaría en la oficina de la liga y haría que Gordon regresara a su equipo original. Tanto la justicia como las posibilidades de que ganara mi equipo se verían beneficiadas.

Me equivoqué. Mi entrenador decidió que Gordon necesitaba estar en un equipo que lo quisiera; uno que lo tratara con respeto, que diera a todos una oportunidad justa para contribuir de acuerdo con sus propias capacidades.

Gordon se integró a mi equipo.

Me gustaría poder decir que Gordon dio el gran batazo en el gran juego con dos *outs* en la última entrada, pero no fue así. Creo que Gordon ni siquiera bateó una bola fuera del cuadro en toda la temporada. Las bolas que bateaban en su dirección (jardín derecho) pasaban por arriba, junto, a través o lejos de él.

No es que Gordon no recibiera ayuda. El entrenador lo hacía practicar el bateo tiempo extra y trabajaba con él en su fildeo, pero sin que hubiera adelantos.

No sé si Gordon aprendió algo de mi entrenador ese año. Pero yo sí. Aprendí a dar toques de bola sin dar indicios de mis intenciones. Aprendí a alcanzar y tocar un elevado si había menos de dos *outs,* y a girar más rápido en la segunda base para hacer un doble *play.*

Aprendí mucho de mi entrenador ese verano, pero mis lecciones más importantes no fueron las de beisbol. Fueron las de carácter e integridad. Aprendí que todos tienen mérito, ya sea que bateen .300 ó .030. Aprendí que todos tenemos nuestro propio valor, ya sea que podamos detener la bola o tengamos que girar para perseguirla. Aprendí que hacer lo que es correcto, justo y honrado es más importante que ganar o perder.

Me gustó pertenecer a ese equipo ese año. Agradezco que ese hombre haya sido mi entrenador. Me sentí orgulloso de ser su parador en corto y de ser su hijo.

Chick Moorman

Una pesca de por vida

Las lecciones de moral que más duran son aquellas que recibimos, no de los libros, sino de la experiencia.

Mark Twain

Tenía once años y cada vez que podía iba a pescar al muelle de la cabaña de su familia, que estaba en una isla en uno de los lagos de New Hampshire.

Un día antes de que empezara la temporada de robalo, él y su padre fueron a pescar, al anochecer, para atrapar con lombrices peces luna y percas. Él ató un señuelo plateado para practicar el lanzamiento. La carnada golpeó el agua y produjo, a la luz del ocaso, ondas de colores y después ondas plateadas conforme la luna ascendía sobre el lago.

Cuando su caña de pescar se dobló, supo que había algo grande en el otro extremo. El padre observó con admiración la habilidad del muchacho para acercar el pez al muelle.

Por fin, con mucha cautela, sacó del agua al exhausto animal. Era el pez más grande que jamás había visto, pero era un robalo.

El muchacho y su padre observaron el hermoso animal, que agitaba las agallas a la luz de la luna. El padre encendió un fósforo y miró el reloj. Eran las 10:00 p.m., dos horas antes de que abriera la temporada. Miró al pez y luego al hijo.

—Lo tienes que regresar, hijo —manifestó.

—¡Papá! —gritó el muchacho.

—Habrá otro pez —insistió el padre.

—Pero no tan grande como este —replicó el muchacho.

Miró sobre el lago. Bajo la luz de la luna no se veían pescadores ni botes en los alrededores. Miró de nuevo al padre. Aunque nadie los había visto y nadie sabría a qué hora había pescado al pez, el muchacho supo por la claridad de la voz de su padre que la decisión no era negociable. Lentamente zafó el gancho del labio del enorme robalo y lo regresó al agua oscura.

El animal sacudió el poderoso cuerpo y desapareció en el agua. El muchacho imaginó que jamás volvería a ver un pez tan grande.

Eso fue hace treinta y cuatro años. En la actualidad ese niño es un arquitecto renombrado de la ciudad de Nueva York. La cabaña de su padre sigue ahí, en la isla del lago, y este hombre lleva a sus propios hijos a pescar desde el mismo muelle.

Y tuvo razón. Jamás volvió a atrapar un pez tan maravilloso como el que devolvió aquella noche tiempo atrás. Pero ve a ese mismo robalo, una y otra vez, siempre que se enfrenta con una cuestión de ética.

Como le enseñó su padre, la ética sólo es cuestión del bien o el mal. Es la práctica de la ética lo que resulta difícil. ¿Hacemos lo correcto cuando nadie nos ve? ¿Nos rehusamos a hacer un trabajo de mala calidad para entregar el diseño a tiempo? ¿Nos rehusamos a negociar mercancía basándonos en información que sabemos que se supone que no deberíamos tener?

Lo hacemos si de niños se nos enseñó a regresar al pez. Porque entonces aprendimos la verdad.

La decisión de hacer lo correcto queda fresca y fragante en nuestra memoria. Es un relato que narraremos con orgullo a nuestros amigos y nietos.

No platicaremos de cómo tuvimos la oportunidad de evadir al sistema y la aprovechamos, sino de cómo hicimos lo correcto y salimos fortalecidos para siempre.

James P. Lenfestey
Referido por Diana Von Holdt

Cartas a Eileen

Un niño necesita tu amor sobre todo cuando menos lo merece.

Anónimo

Tengo tres hijos. Paul, el mayor y único varón, quien lleva el nombre de su padre. Theresa, la bebé de la familia, quien tiene los ojos color café y el cabello rizado de su papá.

Eileen es la hija de en medio. Su nombre lo lleva por mí y por mi madre, cuyo nombre era Eileen Ann. Cuando yo nací, mi madre lo invirtió y me llamó Ann Eileen. Así que cuando nació mi primera hija hice lo mismo y le di el nombre de Eileen Ann.

Eileen mostró rasgos de independencia desde la temprana edad de cinco meses, cuando no permitía que nadie la alimentara, determinada a hacer las cosas a su manera.

Era muy divertido estar con los tres niños. Trabajaban mucho, tenían sentido del humor y lo que se proponían lo hacían bien. Sin embargo, como en cualquier hogar, había ocasiones en las que se presentaba alguna discusión respecto a algún comportamiento que su papá y yo queríamos que mejorara. Con Paul y Theresa las reacciones iban desde una sosegada aceptación hasta un resonante desacuerdo, pero siempre ambas partes aclarábamos los malentendidos.

Con Eileen nunca hubo una discusión. Siempre objetaba de inmediato nuestro derecho a opinar, subía la escalera hasta su cuarto con pasos sonoros, cerraba la puerta de golpe, ponía la música a todo volumen y anunciaba que no lo iba a discutir.

Muchas veces, al principio, traté de razonar con ella, pero eso sólo la irritaba más.

Un día, ante la necesidad de que Eileen escuchara nuestro punto de vista, le escribí una carta en la que le explicaba la posición de su papá y la mía y el cambio que queríamos. Al día siguiente esperé a que se fuera a la escuela para colocar la carta sobre su cama. Ella nunca mencionó la carta, y yo nunca encontré evidencias de ella. ¡Pero su conducta cambió!

Con el paso de los años fui colocando más cartas mientras ella estaba en la escuela, en el trabajo o en alguna cita; quizá coloqué dos o tres cartas por año durante un periodo de catorce años. Nunca hizo alusión alguna a las cartas ni discutió su contenido, pero su conducta cambiaba. En ocasiones, al subir las escaleras, dictaminaba:

—¡Y no me escribas una de esas cartas!

Y claro que le escribía una carta.

El padre de Eileen murió en 1990. Tres años después ella se comprometió y yo estaba determinada a no ser la madre dictatorial de la novia. Todo iba bien hasta más o menos un mes antes de la boda. Entonces tuvimos un desacuerdo. Ella, indignada, me recordó que tenía veinticuatro años y que era una maestra de educación especial próxima a casarse. Asimismo me indicó que no le escribiera una carta. Pero yo le escribí la carta.

Tres días antes de la boda, mientras empacaba sus cosas para llevarlas a su nuevo hogar, Eileen me indicó que en su armario había una caja y que no la fuera a desechar.

—Contiene todas las cartas que me has escrito. A veces las vuelvo a leer y algún día se las leeré a mi hija. Gracias, mamá.

Gracias a ti, Eileen.

Ann E. Weeks

4

SOBRE LA ENSEÑANZA Y EL APRENDIZAJE

Educar no es llenar un balde, sino encender un fuego.

William Butler Yeats

Nombres y adverbios

¡La esperanza es la madre de la fe!

Cyrus Augustus Bartol

Hace varios años a una maestra de escuela pública se le contrató y asignó para que visitara a niños internados en un hospital de una gran ciudad. Su trabajo consistía en asesorarlos en los temas del programa escolar, de modo que cuando estuvieran lo suficientemente bien como para regresar a la escuela, no se hubieran retrasado demasiado.

Un día esta maestra recibió una llamada de rutina en la que se le solicitaba que visitara a un niño en particular. Anotó el nombre del niño, el hospital y el número de la habitación. La maestra que estaba al otro lado de la línea le explicó:

—En este momento estamos estudiando los nombres y los adverbios. Le agradecería si lo ayudara con su tarea para que no quede muy atrás de los demás.

No fue sino hasta que la maestra llegó a la entrada de la habitación del niño, cuando se percató de que se encontraba en la unidad de quemaduras del hospital. Nadie la había preparado para lo que estaba a punto de descubrir del otro lado de la puerta. Antes de que se le permitiera entrar, tuvo que ponerse una bata y una gorra esterilizadas para evitar una posible infección. Se le indicó que no tocara al niño ni la cama. Podía acercársele, pero tenía que hablar a través de una mascarilla.

Cuando por fin terminó con la higiene preliminar y se le vistió con la vestimenta prescrita, respiró profundo y entró en la habitación. El pequeño, con quemaduras tremendas, sufría obviamente un dolor intolerable. La maestra se sintió fuera de lugar y no supo qué decir, pero ya había ido muy lejos como para darse la media vuelta y salir.

—Soy una maestra especial —logró balbucear— que visita los hospitales, y tu maestra me envió para ayudarte con los nombres y los adverbios.

Más tarde reflexionó que aquella no había sido una de sus sesiones de asesoría más sobresalientes.

A la mañana siguiente, cuando regresó, una de las enfermeras de la unidad de quemaduras le preguntó:

—¿Qué le hizo usted a ese niño?

Antes de que ella pudiera terminar con un sinfín de disculpas, la enfermera la interrumpió.

—Es que usted no comprende. Hemos estado muy preocupados por él, pero desde ayer que usted estuvo aquí, toda su actitud ha cambiado. Está luchando de nuevo, respondiendo al tratamiento... es como si hubiese decidido vivir.

El niño mismo explicó después que él ya había claudicado por completo; que pensaba que iba a morir, hasta que vio a la maestra especial. Todo cambió tras la reflexión de algo muy simple. Con lágrimas de alegría en los ojos, el pequeño que había sufrido quemaduras tan tremendas y que había perdido toda esperanza, lo expresó de esta manera:

—Nadie mandaría a una maestra especial para enseñarle nombres y adverbios a un niño que se está muriendo, ¿o sí?

Condensado de Moments for Mothers

¿Cómo podía faltar, si soy un maestro?

Uno no puede enseñarle nada a nadie. Uno sólo puede ayudar a las personas a que lo descubran dentro de sí mismas.

Galileo

A principios de los sesenta, en la ciudad de Nueva York, trabajé con un grupo de estudiantes de octavo y noveno grados que, en lectura, no pasaban de un nivel de segundo a tercer grado. Me era difícil no desesperarme al trabajar con ellos, teniendo que asesorar a muchachos que ya habían casi desistido de ir a la escuela. Su asistencia era irregular. Creo que muchos seguían yendo a la escuela sólo porque ahí estaban la mayoría de sus amigos, pero no porque pensaran que podían aprender algo.

En cuanto a su actitud, eran un desastre. Ira, cinismo, sarcasmo y la expectativa de que se les suspendiera, ridiculizara o humillara era el tono y el contenido de su conversación. Traté de enseñarles en grupos pequeños y de uno en uno, pero debo confesar que los resultados no fueron muy alentadores. Bueno, había unos cuantos que a veces parecían responder de modo más positivo, pero era imposible saber cuándo esa actitud positiva marginal desaparecería para ser reemplazada por el malhumor o incontables destellos de ira.

Otro de mis problemas era el hecho de que en esa época casi no había material de lectura correctiva apropiado para estudiantes de secundaria con un nivel tan bajo. Ellos querían leer sobre las relaciones, la pareja, los deportes y los automóviles, pero no material como "¡Corre, Spot, corre! Ve la bola. Está rebotando". Los muchachos veían el material que yo llevaba como muy infantil y por debajo de su nivel. Por desgracia, el material más interesante era demasiado difícil de leerse para que ellos trabajaran con él sin mucha frustración. Varios de ellos se quejaban con regularidad por el material de lectura. José, un muchacho alto y delgaducho con acento muy marcado, captó la esencia.

—¡Oiga, señor —dijo—, esto es *aburrido.* ¡Y también estúpido! ¿Por qué tenemos que leer esta basura?

Una idea fugaz cruzó por mi mente. Busqué ayuda del presidente de mi departamento respecto a cómo escribir una propuesta para obtener fondos para un pequeño proyecto de asesoría. No obtuvimos una gran suma, pero bastó para un programa piloto para los últimos seis meses del año escolar. Fue sencillo y funcionó.

"Contraté" a mis alumnos como maestros particulares de lectura. Les expliqué que en la escuela primaria más próxima había alumnos de primero, segundo y tercer grados que requerían de ayuda en lectura. Les dije que tenía algo de dinero y que podía pagar a quien me ayudara a trabajar con estos niños. Mis alumnos preguntaron si esto tendría lugar durante o fuera de las horas de clase.

—Oh, *durante las horas de clase.* De hecho será en lugar de nuestro periodo de clases. Simplemente caminaremos hasta allá todos los días y trabajaremos con los niños. Pero han de saber que si alguno no llega, no recibe su paga. Asimismo, deben comprender que sería muy decepcionante para un niño pequeño si uno de ustedes fuera su tutor y no se presentara o trabajara sin mostrarle interés. ¡Ustedes tendrán una gran responsabilidad!

Todos menos uno de mis once estudiantes saltaron ante la posibilidad de ser parte de aquel programa. El único que se negó cambió de parecer en menos de una semana, cuando escuchó de los otros estudiantes lo mucho que se estaban divirtiendo trabajando con los pequeños.

Los niños de primaria estaban agradecidos por la ayuda pero todavía más por la atención de estos muchachos mayores de su propio vecindario. En sus ojos se podía ver claramente una cierta adoración a un héroe. A cada uno de mis alumnos se le asignaron dos o tres pequeños. Y trabajaron leyéndoles en voz alta y pidiéndoles que ellos lo hicieran.

Mi propósito era encontrar la forma de justificar que los estudiantes de octavo y noveno grados leyeran ese material infantil. Pensé que si lograba que ellos leyeran dicho material, y lo hicieran con regularidad, seguramente mejorarían. Como se vio, tenía yo razón. Al final del año, los exámenes mostraron que casi todos habían mejorado ¡uno, dos y hasta tres grados en lectura!

Pero los cambios más espectaculares se observaron en las actitudes y el comportamiento de mis alumnos. No esperaba que se empezaran a vestir mejor, con más cuidado y pulcritud. Tampoco esperaba que el número de peleas disminuyera mientras que su asistencia aumentaba en forma dramática.

Una mañana, cuando iba entrando a la escuela desde el área de estacionamiento, vi a José caminando hacia la puerta. Se veía enfermo.

—¿Qué sucede José? —inquirí—. Te ves como si tuvieras fiebre —se trataba de un alumno cuya asistencia había sido la segunda peor en el grupo.

—Oh, creo que me siento un poco mal, señor McCarty —respondió.

—Entonces, ¿por qué te presentaste? ¿Por qué no te quedaste en casa? —pregunté.

Su respuesta me asombró.

—Bueno, señor, no podía faltar; ¡soy un *maestro*! Mis alumnos me echarían de menos, ¿o no?

Se sonrió y entró en el edificio.

Hanoch McCarty

En esa nota

El arte supremo del maestro es despertar alegría en la expresión creativa y el conocimiento.

Albert Einstein

Un año en el que yo daba clases en segundo grado, un nuevo alumno se integró al grupo a mitad del año. Su nombre era Daniel, y trajo una luz especial a nuestra clase.

Daniel se me acercó una tarde al término de la jornada escolar.

—Señorita Johnson —me explicó—, tengo una nota para usted de mi maestra anterior, aunque no está en papel, sino en mi cabeza —Daniel se inclinó y continuó—: Ella quería que yo le dijera lo afortunada que es usted al tenerme en su clase.

Krista Lyn Johnson

Una cuestión de honor

Uno recuerda con aprecio a los profesores brillantes, pero con gratitud a aquellos que tocaron nuestros sentimientos humanos. El plan de estudios es un elemento nuevo muy necesario, pero la calidez es el elemento vital para la planta en crecimiento y para el alma de un niño.

Carl Jung

Desde el jardín de niños el personal administrativo de las escuelas primarias Abraham Lincoln y Thomas Edison en Daly City, California, había visto los resultados de los excesos alcohólicos de mi madre.

Al principio mis profesores sondeaban con delicadeza respecto a mi vestimenta rota y raída, mi ofensivo olor corporal, los incontables moretones y quemaduras de mis brazos, así como por qué buscaba comida en los botes de basura. Un día mi profesora de segundo grado, la señorita Moss, solicitó una reunión con el director de la escuela y le suplicó que hiciera algo para ayudarme. El director aceptó intervenir de mala gana. A la mañana siguiente el director y mi madre tuvieron una reunión privada. Jamás volví a ver a la señorita Moss.

Inmediatamente después las cosas fueron de mal en peor. Se me obligó a vivir y dormir en la cochera, se me ordenó realizar tareas domésticas esclavizantes y no recibía comida hasta haber cumplido con la estricta cantidad de horas que requería satisfacer las demandas de mi madre, incluso me cambió el nombre de "David" por el de "Eso", y amenazó con castigar a mis hermanos si intentaban darme comida, si usaban mi verdadero nombre o, incluso, si me miraban. El único refugio seguro en mi vida eran mis profesores. Ellos parecían esforzarse siempre al máximo para hacerme sentir como un niño *normal*. Cada vez que alguno de ellos me cubría de elogios, yo apreciaba cada una de sus palabras. Si alguno de mis profesores me tocaba o se inclinaba para revisar mis tareas, yo aprovechaba para absorber el aroma de su perfume o de su agua de colonia. Durante los fines de semana, cuando me sentaba sobre mis manos en la cochera y temblaba de frío, empleaba mi arma secreta. Cerraba los ojos, respiraba profundo y trataba de imaginar la cara de mi profesor. No era sino hasta que visualizaba su sonrisa cuando empezaba a sentir calor por dentro.

Pero años después, un viernes por la tarde, perdí el control y salí disparado del salón de quinto grado. Corrí al baño, aporreé mis pequeños puños rojos contra los azulejos y me deshice en una catarata de lágrimas. Me sentía totalmente frustrado porque desde hacía meses ya no podía ver a mis protectores en mis sueños. Creía con todo mi ser que su fuerza vital de algún modo me había mantenido vivo. Pero ahora, sin ninguna fuerza interior a la cual recurrir, me sentía hueco y solo por dentro. Después, esa misma tarde, una vez que mis compañeros salieron a velocidad hipersónica hacia sus casas o los patios de juegos, me desafié a mí mismo y crucé mi vista con la de mi profesor de grupo, el señor Ziegler. Por un instante supe que él sintió la inmensidad de mi dolor. Un momento después rompí el enlace de nuestras miradas, incliné la cabeza en señal de respeto y me retiré, esperando en alguna forma un milagro.

Meses más tarde mis plegarias recibieron respuesta. El 5 de marzo de 1973, por alguna razón desconocida, cuatro profesores, la enfermera de la escuela y el director decidieron conjuntamente dar aviso a las autoridades. Merced al estado en el que me encontraba, de inmediato se me puso bajo custodia. Pero antes de que partiera, los maestros, uno por uno, se arrodillaron y me abrazaron. Supe, por la mirada de cada uno de ellos, que sentían temor. Mi mente revivió la suerte de la señorita Moss. Yo quería huir y desintegrarme. Como el niño llamado "Eso", sentía que yo no valía tanto como para que ellos se metieran en problemas.

Como siempre, mis salvadores sintieron mi ansiedad y me dieron un fuerte apretón, como para generar un escudo invisible que me protegiera de todo daño. Con cada cuerpo cálido, cerraba los ojos y trataba de retener el momento para la eternidad. Con los ojos cerrados con fuerza, oí a uno de mis profesores susurrar con ternura:

—No importa el resultado, no importa lo que nos suceda, esto es algo que teníamos que hacer. Como profesores... si podemos hacer algo por la vida de un niño... cumplimos con el verdadero sentido de nuestra profesión.

Después de una ronda de adioses, me quedé paralizado, *nunca* había sentido en toda mi vida tal efusión emotiva por mí. Con lágrimas fluyendo por mis mejillas, prometí al personal de la primaria Thomas Edison que nunca los olvidaría y que haría todo lo posible porque algún día se sintieran orgullosos.

Desde mi rescate no ha pasado un solo día en el que no haya pensado en mis redentores. Casi veinte años después regresé a la primaria Thomas Edison y obsequié a mis profesores los primeros ejemplares de mi primer libro, *A Child Called "It"* (Un niño llamado "Eso"), dedicado a ellos y publicado en el vigésimo aniversario de mi rescate, el 5 de marzo de 1993. Esa noche, cuando realicé mi sueño de toda la vida de hacer sentir a mis profesores especiales, ellos se sentaron en la primera fila de un auditorio lleno a toda su capacidad. Los miré, ahora con las lágrimas corriendo por sus mejillas, y manifesté:

—De niño aprendí que los profesores tienen una sola meta, es decir, de algún modo hacer la diferencia en la vida de un niño. En mi caso fueron cuatro profesores, la enfermera de la escuela y el director quienes lucharon y arriesgaron sus carreras para salvar la vida de un niño llamado "Eso". No puedo y no quiero olvidar jamás su valor y su convicción. Hace veinte años hice una promesa a estos profesores. Y esta noche renuevo mi promesa. Para mí, no es cuestión de mantener un compromiso con quienes ejercieron un impacto en mi vida. Para mí, es simplemente una cuestión de honor.

Dave Pelzer

El plan de estudios

El arte de vivir se basa en un continuo reajuste a nuestro medio ambiente.

Okakura Kukuzo

Era un día como cualquier otro. Los niños llegaron a la escuela en los autobuses y se saludaron unos a otros con el bullicio y entusiasmo acostumbrados. Eché una mirada al cuaderno del plan de estudios y nunca me sentí mejor preparada para afrontar el día. Sabía que sería excelente y que adelantaríamos mucho. Tomamos nuestros lugares alrededor de la mesa de lectura y nos preparamos para una buena clase. El primer punto en mi agenda era revisar los cuadernos de ejercicios para ver si se había cumplido con el trabajo necesario.

Cuando llegué a Troy, inclinó la cabeza al poner su tarea incompleta frente a mí. Trató de hacerse para atrás, a fin de quedar fuera de mi vista, ya que se encontraba sentado a mi derecha. Naturalmente vi el trabajo incompleto y exclamé:

—Troy, esto no está terminado.

Levantó la vista hacia mí con los ojos más suplicantes que haya yo visto en un niño y respondió:

—No pude hacerla anoche porque mi mamá se está muriendo.

Los sollozos que siguieron sorprendieron a la clase entera. Me dio gusto que estuviera sentado junto a mí. Sí, lo tomé entre mis brazos y su cabeza descansó contra mi pecho. A nadie le quedaba la menor duda de que Troy sufría, tanto que yo temía que su pequeño corazón estallara. Sus sollozos hicieron eco en el salón y las lágrimas fluyeron a mares. Los niños estaban sentados con los ojos llenos de lágrimas en un silencio mortal. Únicamente el llanto de Troy rompía el silencio de aquella clase matutina. Un niño se levantó por la caja de pañuelos desechables mientras yo apretaba el cuerpecito de Troy contra mi corazón. Pude sentir que mi blusa se empapaba con esas preciosas lágrimas. Impotente, mis lágrimas cayeron sobre su cabeza.

La interrogante a la que me enfrenté fue: "¿Qué puedo hacer por un niño que está por perder a su madre?" El único pensamiento que llegó a mi mente fue: "Ámalo, muéstrale... que te importa... llora con él". Era como si a su joven vida se le escapara lo más profundo de su ser, y yo podía hacer muy poco por ayudarlo. Contuve mis lágrimas y pedí al grupo:

—Digamos una oración por Troy y su mamá —jamás se envió al cielo una plegaria más ferviente. Después de un rato, Troy me miró.

—Creo que ya voy a estar bien —había agotado su reserva de lágrimas; había liberado la carga de su corazón. Esa misma tarde murió su madre.

Cuando asistí a la funeraria, Troy corrió a saludarme. Fue como si me hubiera estado esperando, como si esperara que yo fuera. Cayó entre mis brazos y permaneció ahí por un momento. Pareció recuperar la fuerza y el valor y entonces me condujo al ataúd. Ahí le fue posible mirar el rostro de su madre, hacerle frente a la muerte aunque nunca pudiese comprender su misterio.

Esa noche me retiré a dormir agradecida con Dios por haberme dado la buena idea de hacer a un lado mi plan de lectura y sostener con mi corazón el corazón destrozado de un niño.

Hermana Carleen Brennan

La mejor maestra de mi vida

Los padres aprenden mucho de sus hijos acerca de cómo salir adelante en la vida.

Muriel Spark

Yo ya llevaba quince años como maestra cuando conocí a la mejor maestra. No fue en un salón de clases, sino en un hospital. Se trata de mi hija Kelsey.

Kelsey nació con parálisis cerebral, y a los cinco años se enfrentó con una batalla contra el cáncer que posteriormente ganó. Me ha enseñado muchas lecciones claras sobre el valor y la determinación; soy una persona mejor gracias a la paciencia que me tiene.

A los cuatro años quiso aprender a atarse los zapatos como lo había hecho su mejor amiga. Me quedé sin palabras. A causa de su parálisis cerebral, Kelsey tiene muy poco movimiento en los dedos de la mano izquierda. Si yo no podía atar un zapato con una sola mano, ¿cómo se lo iba a enseñar a ella?

Después de tres años y medio de persistencia, Kelsey por fin lo logró. Recuerdo cómo la observaba y la animaba aquel primer día de las vacaciones de verano, cuando ya tenía siete años y medio de edad. En el momento que retiró la mano para revelar dos lazadas perfectas sonrió de oreja a oreja y yo lloré de alegría. Y la verdad es que nadie le pregunta a Kelsey qué edad tenía cuando aprendió a atarse los zapatos. Por su logro aprendí lo que es la determinación y mucho más. La velocidad no sería lo más importante en la vida de Kelsey, la consumación de sus objetivos dentro de su propio ritmo sería lo que más importaría.

A lo largo de su tratamiento contra el cáncer, Kelsey se hizo cargo de sus circunstancias por medio del juego creativo. En el hospital el juego siempre era "el restaurante"; Kelsey era la mesera y el resto de nosotros, los clientes. Durante horas enteras se perdía en el juego, como si no estuviéramos en el hospital sino afuera, en el mundo, lejos de los médicos y los exámenes; en un mundo en el que Kelsey estaba segura de que participaría algún día.

En casa, donde se sentía más segura para explorar sentimientos más profundos, el juego se transformaba en "el hospital". En este juego, Kelsey era el médico encargado del cambio. Su juego incluía términos médicos que ni los adultos comprendíamos. Nosotros sencillamente jugábamos, con la certeza de que Kelsey había encontrado una forma de salir adelante.

A los seis años de edad quiso tomar clases de *ballet*. Me avergüenza reconocer lo mucho que esto me atemorizó. Sus músculos estaban muy débiles por la quimioterapia, tenía poco equilibrio y su peso había descendido a unos diecisiete kilos. No sólo me atemoricé por su cuerpo, sino por sus sentimientos. Hasta ese momento ella no sabía lo que era el miedo y llevaba un parche en un ojo, así que me preocupó que el resto de los alumnos la importunaran. Pero no sabía cómo decirle a Kelsey todo esto, ella no desistiría, así que la inscribí en una escuela de *ballet*.

¡Kelsey bailaba con desenfreno¡ ¿Se caía? Obvio. ¿Se le veía torpe? Mucho. Pero nunca se cohibió ni se reprimió; se lanzaba al proceso sin que le afectara lo que no podía hacer. El puro placer de bailar era suficiente. Todas las personas que veían a Kelsey bailar recibían una lección muy especial. Bailó durante cuatro años. Cuando lo dejó, fue para anunciar que mejor quería tomar clases de equitación. En esta ocasión la inscribí sin titubear.

En quinto grado Kelsey trajo a casa, entusiasmada, una inscripción para jugar basquetbol en el torneo de la escuela. Aquel sería un reto muy importante para ella. Corría muy lentamente, es de baja estatura y sigue usando sólo una mano. Las campanadas de alarma sonaron de nuevo en mi cabeza, pero ya había aprendido a ignorarlas. El entusiasmo en sus ojos nulificó por completo cualquier inconveniente, y la inscribimos.

Después de la primera práctica el entrenador dijo que le daba miedo dejarla participar en un partido. Cuando nos explicó que podía lastimarse, pude ver visiones de juicios legales que danzaban en su cabeza. Pero yo le hice ver que todos los niños que hacen deporte corren riesgos, y que, si su riesgo era mayor, su necesidad de participar era todavía superior. Después de algunas discusiones y un poco más de estímulo, decidió dejarla jugar. Durante dos años Kelsey se esforzó más en el juego que cualquier otra niña de la liga, y aunque jamás hizo un enceste en un partido, ofreció otros regalos que fueron más valiosos para las compañeras de su equipo. En dos años nunca vi que una jugadora la tratara de alguna otra manera que como a una persona útil. Y cuando Kelsey por fin hizo su primer enceste durante la práctica, después de semanas de intentarlo, todas las niñas de todo el gimnasio, de los *dos* equipos, se detuvieron a aplaudir.

Cuando había juego y nos deteníamos en la tienda de víveres, Kelsey de inmediato se quitaba el abrigo de invierno y lo arrojaba en el carrito. Me llevó un poco de tiempo comprender el motivo. Estaba tan orgullosa de la playera de su equipo, que no quería que pasara inadvertida. Entonces Kelsey no sólo estaba obteniendo sus propios triunfos sino que también era parte de un equipo.

En la actualidad Kelsey es una feliz y saludable alumna de séptimo grado que aún absorbe la vida con avidez, que intenta nuevos retos y que aún enseña a sus amigos y a sus padres mucho sobre la persistencia, el poder de la fe y la compasión.

Kelsey, ¡jamás tendré una maestra mejor que tú!

Dauna Easley

Una tarjeta con un pensamiento

A un hombre se le puede quitar todo menos una cosa: la última de las libertades humanas, la elección de su propio camino.

Viktor Frankl

Debo admitir que en mis primeros años de universidad yo seguía siendo un adolescente colérico. Mi ira era general, el mundo no me satisfacía casi en ningun sentido. Mi ira tenía un punto central: mis padres no me agradaban en lo absoluto. Yo me exacerbaba cada vez que mi padre me daba instrucciones y me corregía.

Con una situación económica limitada, preferí ir a una universidad local y transportarme hasta ahí todos los días. Un día, tuve una riña seria con mi padre. Sentí que él trataba de controlarme y yo quería mi libertad. Él me consideraba un rebelde y trató de reafirmar su autoridad. Ambos explotamos en gritos. Yo salí colérico de la casa y perdí el autobús que me llevaba a la escuela. Sabía que si tomaba el siguiente, llegaría tarde a la clase de educación. Eso me enfureció todavía más.

Yo iba echando humo y me quejé durante todo el trayecto a la escuela. Mi cabeza se aceleraba con pensamientos de ira contra mi padre. Al igual que muchos adolescentes, yo estaba empantanado en mi egocentrismo y estaba seguro de que nadie en el mundo había tenido un padre tan terrible ni había tenido que luchar contra semejante injusticia. Después de todo, mi padre ni siquiera había terminado la secundaria y ahí estaba yo, un maravilloso *estudiante universitario*. Me sentía muy superior a él. ¿Cómo osaba interferir en mi vida y mis planes?

Al atravesar corriendo el gran campus, hasta el edificio donde tenía lugar mi clase, me percaté de que no llevaba la tarea: *una tarjeta con un pensamiento*.

Dicha clase la impartía el doctor Sidney B. Simon, uno de los profesores más raros de la escuela. Su política y sus procedimientos eran únicos, su política para calificar, revolucionaria, sus métodos de enseñanza, perturbadores. La gente *hablaba* del doctor Simon.

En la primera clase el profesor Simon había explicado:

—Todos los martes deben traer una tarjeta de diez por quince centímetros con su nombre y la fecha en la línea superior. En cuanto al resto de la tarjeta, eso les corresponde a ustedes. Pueden escribir un pensamiento, una preocupación, un sentimiento, una duda o sencillamente cualquier cosa que esté en su mente. Será una forma de comunicarse conmigo directamente. Estas tarjetas serán totalmente confidenciales. Las regresaré los miércoles con algún comentario. Si hacen una pregunta, haré mi mayor esfuerzo por contestarla. Si tienen una preocupación, les ayudaré lo mejor que pueda. Pero recuerden, esta tarjeta es el boleto de admisión para la clase de los martes.

El primer martes llevé obedientemente la tarjeta con mi nombre y la fecha escritos con cuidado en la línea superior. Después añadí: "No todo lo que brilla es oro". Al día siguiente, el doctor Simon regresó las tarjetas. La mía tenía una nota a lápiz: "¿Qué quiere decir este dicho para ti? ¿Te resulta significativo?" Este comentario me intranquilizó. Por lo visto, él estaba tomando las tarjetas en serio. Yo de ningún modo tenía la intención de revelarme a él.

La semana siguió adelante. El curso tenía lugar todos los días durante una hora. El doctor Simon era bastante brillante.

Enseñaba haciendo preguntas, planteando temas que ninguno de mis maestros había tocado antes. Nos desafiaba a pensar y a pensar a fondo. Temas sociales, temas de política, temas personales, se hablaba de todo. Era una clase sobre los métodos para enseñar ciencias sociales y era de largo alcance. Los maestros que había tenido en el bachillerato enseñaban ciencias sociales, es decir, historia, geografía, economía y demás, pero en repetición mecánica, con listas de hechos, nombres y fechas que debían ser memorizados para después regresar al papel en los exámenes. Rara vez alguno nos pidió que pensáramos.

Al principio supuse que estaba adoctrinándonos en favor o en contra de algo, pero no el profesor Simon. Por el contrario, simplemente nos hacía pensar, explorar, investigar, cuestionar y después dar con nuestra propia respuesta. Para ser franco, me sentí todavía más incómodo. Había algo delicioso, refrescante y estimulante en su enseñanza, pero como yo casi no había experimentado ese estilo, no contaba con "estrategias" que me ayudaran a hacerle frente. Yo sabía cómo salir bien en una clase: sentarme adelante, decirle al maestro lo mucho que "disfruté" la exposición, entregar hojas limpias escritas a máquina de acuerdo con una fórmula y memorizar, memorizar, memorizar. Pero resultaba claro que esta clase era algo diferente. Yo no podía usar los métodos tradicionales y comprobados para pasar.

Llegó el segundo martes. Escribí en mi tarjeta: "Al que madruga, Dios lo ayuda". De nuevo, sin confiar en él, me cubrí con el humor, que siempre había sido mi mejor defensa contra una proximidad no deseada. Al día siguiente la tarjeta regresó con esta nota: "Parece que tienes sentido del humor. ¿Es esto parte importante de tu vida?"

¿Qué quería este hombre? ¿Qué estaba sucediendo? No podía recordar a ningún otro maestro que se hubiera ocupado de mí personalmente desde la primaria. ¿Qué quería este individuo?

Aquel día me encontraba corriendo por el corredor hacia la clase, diez minutos tarde. Justo fuera de la puerta tomé una tarjeta de mi cuaderno y escribí mi nombre y la fecha. Desesperado por escribir algo, sólo pude pensar en la riña que acababa de tener con mi padre. "¡Soy el hijo de un idiota!" escribí y entré de prisa al salón. Él estaba cerca de la puerta dirigiendo una discusión. Al mirarme me pidió la tarjeta, se la entregué y me fui a sentar.

En el momento en el que llegué a mi asiento, me asaltó el temor. ¿Qué había hecho? ¡Le había entregado esa tarjeta! ¡Oh, no! No era mi intención sacar aquello. Ahora él sabría de mi ira, de mi papá, de mi vida. No recuerdo nada del resto de aquella sesión. En todo lo que podía pensar era en la tarjeta.

Esa noche me fue difícil conciliar el sueño, agobiado por un temor indefinible. ¿De qué se trataba esto de las tarjetas? ¿Por qué había escrito eso sobre mi papá? ¿Y si contactaba a mi papá? De cualquier modo ¿a él qué le importaba?

Llegó el miércoles por la mañana y yo me preparé con renuencia para ir a la escuela. Cuando llegué a la clase era temprano. Quería sentarme atrás y ocultarme lo mejor que pudiera. Comenzó la clase y el doctor Simon empezó a regresar las tarjetas con los pensamientos. Colocó la mía boca abajo sobre mi escritorio, como era su costumbre. La recogí, casi incapaz de voltearla.

Cuando miré el contenido de la tarjeta, vi escrito: "¿Qué hace el hijo de un idiota con el resto de su vida?" Sentí como si alguien me hubiera golpeado en el estómago. Yo había pasado mucho tiempo en la cafetería de la escuela hablando con otros jóvenes sobre los problemas que tenía "por culpa de mis padres". Y ellos compartían el mismo tipo de discurso conmigo. Nadie desafiaba a nadie para que se hiciera responsable de sí mismo. No, para todos era un alivio aceptar el juego de culpar a los padres. Todo era culpa de nuestros padres. Si fallábamos en un examen, era culpa de mamá. Si no obteníamos un trabajo en el programa de ayuda a los estudiantes, la culpa era de papá. Yo siempre me quejaba de mi familia y todos mis amigos aprobaban sabiamente con la cabeza. Estas personas que pagaban nuestra educación eran sin duda alguna un montón de tontos entrometidos, ¿o no?

La pregunta aparentemente inocente de Sidney Simon hizo explotar el globo. Me hizo ver con precisión el meollo del asunto: ¿De quién es este problema? ¿Quién es responsable de ti?

Ese día no me presenté en la cafetería sino que me fui directo a casa, extrañamente deprimido, castigado. Toda la tarde reflexioné sobre ello y sobre algo que mi madre había dicho: "El millonario se llama a sí mismo 'hombre que se hizo solo', pero si lo arrestan, entonces culpa a sus malos padres".

Me gustaría poder decir que experimenté una transformación mágica, pero no fue así. Sin embargo, el comentario del doctor Simon fue insidioso. Durante las siguientes semanas continuó sonando en mi cabeza. Una y otra vez, cuando me escuchaba culpar a mi padre por tal o cual cosa, una pequeña voz interior decía: "Está bien, supón que tu padre es todas esas cosas malas que dices. ¿Cuánto tiempo crees que puedes pasártela culpándolo por tu vida?"

Lenta e inexorablemente cambió mi manera de pensar. Me escuché culpar a todos. Después de un tiempo comprendí que me había generado una vida en la que yo no era una figura central. Yo era el objeto de la acción, no el sujeto. Eso fue todavía más molesto que cualquier otro sentimiento que hubiera tenido en la clase del doctor Simon. Yo no quería ser un títere. Quería ser un actor, no un reactor. El proceso de madurez no fue fácil ni rápido. Me tomó más de un año que la gente advirtiera que me estaba haciendo responsable de mis propias acciones, de mis propias decisiones, de mis propios sentimientos. Me sorprendí de cómo mejoraron mis calificaciones en todas las materias. Me asombré de cómo aumentó el número y la calidad de mis amigos. Asimismo me maravillé de lo inteligente que me pareció mi padre.

Durante todo este proceso seguí entregando mis tarjetas con pensamientos. Más adelante tomé otro curso con aquel maestro inigualable. Me esforcé para su materia más de lo que nunca antes lo había hecho. Con cada tarjeta con un pensamiento llegaban más interrogantes que me inquietaban y me hacían pensar.

Años más tarde yo mismo me maravillé de mi progreso. De ser un alumno marginal y peleonero me transformé en un excelente estudiante y después en un maestro de bachillerato exitoso. Cambié la ira permanente y el constante evitar realizar el esfuerzo necesario para mi vida, por alguien que desplegaba energía y se sentía estimulado, con objetivos y hasta feliz.

La relación con mi padre también mejoró de manera extraordinaria. En lugar de verlo como alguien que me quería controlar, comencé a verlo como alguien que se preocupaba y se interesaba en mí. Comprendí que su forma de ejercer la paternidad no era "suave", pero que había mucho amor en sus intenciones. Las peleas disminuyeron hasta desaparecer. Aprendí a ver a mi padre como un individuo inteligente, sabio y amoroso. Y todo empezó con una pregunta aparentemente inocente.

Hanoch McCarty

5

SOBRE LA MUERTE Y EL MORIR

La vida es eterna, el amor es inmortal y la muerte es sólo un horizonte, y un horizonte no es nada salvo el límite de nuestra vista.

Anónimo

Un tesoro a tiempo

A quienes se aman por encima del mundo, nada los puede separar. La muerte no puede matar lo que nunca muere.

William Penn

La carretera interestatal 40 se alargaba interminablemente ante mí. Regresaba a casa después de la primera reunión familiar que se llevaba a cabo sin Bob, en junio de 1995. Me inundaban los recuerdos de nuestro corto matrimonio de nueve años.

Ambos trabajábamos para la Administración de Seguridad Social, y tres años atrás habíamos aceptado sendos puestos en una oficina de campo en la ciudad de Oklahoma, una transferencia que necesitábamos para seguir progresando. En febrero de 1995 viajé a Dallas, Texas, para tomar un curso de entrenamiento de diez semanas necesario para obtener una promoción; pero se interrumpió por la noticia de que una bomba había estallado en el edificio Alfred P. Murrah en la ciudad de Oklahoma.

Mi Bob se encontraba en ese edificio.

Cuando Bob y yo nos conocimos, él estaba reuniendo música para grabar una cinta con canciones de amor que llevaría el título de "20 años de amarte", seleccionada de álbumes y discos de 45 revoluciones que le habían prestado sus amigos, algunos de los cuales eran mujeres solteras e independientes. Yo le ofrecí mi colección de discos y le pedí que grabara mi favorita, "Sólo llamé para decirte que te amo", de Stevie Wonder.

Cuando Bob terminó de grabar la cinta, ya habíamos salido juntos varias semanas. Un sábado me llamó y me dijo que me tenía una sorpresa. Cuando me subí al auto y él comenzó a conducir, sacó una cinta y la metió en el tocacintas. Mi propia voz, tomada de un mensaje que alguna vez le dejé en su máquina contestadora, surgió de la bocina: "Sólo llamé...", y se desvanecía para dar paso a la música de Stevie Wonder.

—Esta es especial para ti —exclamó.

El recuerdo arrancó las lágrimas de mis ojos. Ahora, próxima a la línea estatal de Oklahoma, vi el señalamiento de "Tienda de intercambio de Oklahoma. A 50 millas. Salida 287". Se me vino a la memoria que en nuestros viajes de regreso de las reuniones de su familia en Florida, Bob y yo siempre teníamos la intención de detenernos, pero nunca lo hicimos. Una o dos salidas antes ya habíamos subido la velocidad, estábamos cansados, sólo queríamos llegar a casa.

—Esta vez —decidí—, me voy a detener.

Mientras conducía, mi mente comenzó a divagar; ¿cómo podría salir adelante sin Bob, mi fuerte y noble marido, cuyos reconfortantes brazos me sostenían cuando lloraba, cuyo sentido del humor fundía mi ira y cuyo sentido de la aventura enriquecía la vida de ambos? Las lágrimas mancharon mis mejillas pero seguí conduciendo. De pronto, vi la salida 287. ¡Demonios! Me había pasado de la tienda de intercambio. Bueno, tal vez la próxima.

Pero tan pronto como tomé la decisión de seguir adelante, tomé la de regresar. Giré el auto en el último instante y subí la rampa. Al llegar al camino principal, me percaté de que estaba en la autopista de peaje, sin salidas por quién sabe cuantas millas. Busqué un lugar plano por el que pudiera dar la vuelta en U, me atravesé sin preocuparme de si un policía de la guardia civil estatal podía estar observando y me dirigí de regreso hacia la tienda.

Como era de esperarse, esta tienda de intercambio era igual a tantas otras en las que Bob y yo nos habíamos detenido en nuestros viajes, es decir, una mezcla de productos y recuerdos del sudoeste. Al pasear por la tienda llegué a un arreglo de una cama de hierro forjado y madera que mostraba mantas indias, cactus espinosos y collares de cuentas verdes y rojas.

Junto a la cama se encontraba una pequeña mesa con floreros aztecas, delicadas flores del desierto y un coyote aullando con una mascada brillante alrededor del cuello. Discreto, acurrucado entre esos artículos, descansaba un pequeño teléfono antiguo de madera, con la bocina tallada, un marcador de disco y cuyo auricular descansaba sobre un ganchillo negro y estaba conectado mediante una cuerda delgada negra. Lo primero que pensé fue: "Qué extraño. Todo lo demás es muy del sudoeste, y este teléfono parece fuera de lugar". Lo tomé y levanté el auricular.

Un tintineo musical surgió de la base del teléfono. Las lágrimas inundaron mis ojos y rodaron por mis mejillas. Una oleada de calor me invadió al estar ahí sollozando, apretando el teléfono, ajena a los demás compradores que caminaban con cautela a mi alrededor. La tonada que escuché era: "Sólo llamé para decirte que te amo".

Al abrirme paso hacia el frente para pagar mi tesoro recién descubierto, no me quedó la menor duda de que podía salir adelante. No estaba sola, mi Bob acababa de llamar para decirme que me amaba.

Judy Walker

Ya no me traiga flores

El dolor y el sufrimiento son inevitables; sentirse desdichado es opcional.

Art Clanin

El viejo encargado de un cementerio solitario y pacífico recibía cada mes un cheque de una mujer; una inválida internada en un hospital de una ciudad cercana. El cheque era para comprar flores frescas para la tumba de su hijo, quien había muerto en un accidente automovilístico años atrás.

Un día un auto entró en el cementerio y se detuvo frente al edificio administrativo, cubierto de hiedra. Un hombre conducía y en el asiento posterior iba sentada una dama entrada en años, pálida como la muerte y con los ojos entrecerrados.

—La dama está demasiado enferma como para caminar, —comentó el conductor al encargado—. ¿Le importaría venir con nosotros hasta la tumba de su hijo?, ella quiere pedirle a usted un favor. Se está muriendo y me pidió, como viejo amigo de la familia, que la trajera hasta aquí para mirar por última vez la tumba de su hijo.

—¿Se trata de la señora Wilson? —preguntó el encargado.

El hombre afirmó con la cabeza.

—Sí, sé de quién se trata. Es quien me ha estado enviando un cheque mensual para colocar flores en la tumba de su hijo.

—El encargado siguió al hombre hasta el auto y se instaló junto a la mujer. Ella se veía frágil y obviamente cerca de la muerte. Pero había algo más en su rostro, observó el cuidador, los ojos, oscuros y hundidos, ocultaban un dolor profundo y prolongado.

—Yo soy la señora Wilson —susurró—. Todos los meses durante los últimos dos años....

—Sí, lo sé. Lo he cumplido como usted me lo pidió.

—He venido hoy aquí —prosiguió ella—, porque me han dicho los médicos que sólo me quedan algunas semanas más. No me siento triste por irme. No me queda nada por qué vivir. Pero antes de morir quise venir para echar una última mirada y para hacer arreglos con usted para que siga colocando flores en la tumba de mi hijo.

Ella parecía extenuada, el esfuerzo de hablar menguaba su energía. El auto se dirigió por un camino angosto de grava hasta la tumba. Cuando llegaron ahí, la mujer, haciendo lo que pareció un gran esfuerzo, se enderezó un poco y miró por la ventanilla la lápida sepulcral de su hijo. No se oyó ni un solo sonido durante los momentos que siguieron, sólo el piar de los pájaros en los altos y viejos árboles regados entre las tumbas.

Por fin, el encargado habló.

—¿Sabe, señora? Siempre me apenó que usted siguiera enviando dinero para las flores.

Al principio la mujer pareció no escuchar. Pero luego giró lentamente hacia él.

—¿Perdón? —murmuró—. ¿Se da cuenta de lo que está diciendo? Mi hijo...

—Sí, lo sé —respondió cortésmente—. Pero, ¿sabe?, yo pertenezco a una iglesia que semanalmente visita hospitales, asilos y prisiones. En esos lugares hay gente viva que necesita estímulo, y a la mayoría de ellos les gustan las flores. Ellos las pueden ver y oler. Esta tumba... —insistió—, en ella no vive nadie, no hay nadie que vea o huela la belleza de las flores... —miró a la distancia conforme su voz se desvanecía.

La mujer no respondió, sólo siguió mirando la tumba de su hijo. Después de lo que parecieron horas, levantó la mano y el hombre los condujo de regreso al edificio administrativo. El encargado descendió del auto y, sin decir ni una palabra, los visitantes se retiraron. "La ofendí, pensó. No debí haber dicho eso."

Sin embargo, meses más tarde, se asombró al recibir otra visita de la mujer. En esta ocasión no había conductor. Ella misma conducía el auto. El encargado apenas si podía creerle a sus ojos.

—Usted tenía razón —manifestó ella— respecto a las flores. Es por eso que ya no ha habido más cheques. Cuando regresé al hospital no podía quitarme sus palabras de la cabeza. Así que empecé a comprarle flores a los pacientes que no tenían. ¡Me dio tanta alegría ver lo mucho que las disfrutaban, aunque fueran de alguien por completo desconocido! Las flores los hacían felices a ellos, pero sobre todo, me hacían feliz *a mí.* Los médicos no saben —continuó—, lo que de pronto comenzó a mejorarme, pero yo sí.

Bits & Pieces

La tumba que nadie cuidaba

El día era hermoso mientras caminaba
   y las lápidas me detuve a ver.
Y fue entonces cuando vi esa triste cruz,
   astillada y a punto de caer.

Con flores para la tumba de mi padre,
   sabía que poco tiempo tenía.
Pero no pude evitar detenerme un poco más
   frente a esa cruz que a nadie pertenecía.

La fecha al frente confirmó
   lo que yo ya sospechaba.
Esa horrible cruz de color azul desteñido
   la tumba de un niño coronaba.

Qué padres tan egoístas debieron de ser
   para enterrar al hijo en esta soledad.
Sin flores, sin velas que alumbren sus noches
   y sin una sencilla lápida sepulcral.

Me acerqué aún más a esa detestable cruz
   casi en astillas convertida.
Y ahí, detrás, leí las palabras
   que ese día por siempre me cambiarían.

"Esta cruz no es suntuosa, pero la esculpieron mis manos,
   así conocerás, hijo, la dimensión de mi amor.

Es azul para acordarme de ti
    del dolor de que quien está ahí no pueda ser yo.

Eres tú quien se va y yo quien se queda
    ahora que tu joven vida su fin alcanzó.
Yo me quedo solo, sin volver a tener un hogar
    y con una tumba cuyo cuidado destroza mi corazón."

Las lágrimas rasgaron mis ojos cuando miré alrededor
    los monumentos que esa cruz discordante hacía avergonzar.
Y compartí con esos padres la pérdida terrible
    que les produjo un dolor tan difícil de expresar.

Y todas las lápidas, incluso las más altas que yo,
    de algún modo pequeñas se tornaron.
Junto a esa pequeña cruz esculpida con tanto amor
    y las flores que mis propias manos plantaron.

Cheryl L. Costello-Forshey

La donante

Las señales del alma llegan silenciosas, tan silenciosas como el sol penetra en la oscuridad.

Dicho tibetano

Mi hija ya adulta, Sara, y yo, éramos muy buenas amigas. Ella vivía con su familia en una ciudad cercana, lo que nos permitía vernos con regularidad. Entre visita y visita nos escribíamos o hablábamos por teléfono.

Cuando me llamaba, siempre decía:

—Hola, mamá, soy yo.

Y yo respondía:

—Hola, Yo ¿cómo amaneciste hoy?

Sus cartas las firmaba a menudo con un simple "Yo". A veces yo la llamaba "Yo" sólo por bromear.

Pero un día mi pobre Sara murió, de repente, sin previo aviso, de una hemorragia cerebral. Inútil decirlo, me sentí desolada. No puede haber peor dolor para un padre que la pérdida de un hijo amado. Necesité de toda mi enorme fe para seguir adelante.

Decidimos donar sus órganos para que por lo menos se obtuviera ese enorme bien de una situación, de otra forma, trágica. A su debido tiempo supe por el Grupo de Recuperación de Órganos a dónde habían ido a parar sus órganos. Sin que se mencionaran nombres, por supuesto.

Cerca de un año después recibí una hermosa carta del joven que recibió el páncreas y el riñón. ¡Qué diferencia se produjo en su vida!

¡Alabado sea el Señor! Y en vista de que no podía usar su propio nombre, adivinen cómo firmó su carta: "¡Yo!"
Me sentí muy dichosa.

Mary M. Jelinek

Gelatina roja al amanecer

Familia significa compartir las insuficiencias, las imper-
fecciones, los sentimientos y seguirse amando entre sí.
Pero aunque alguien se decida a amar, no siempre es
una persona agradable. Y cuando no se es perfecto, el
perdón hacia sí mismo y hacia los demás se vuelve muy
importante. Uno se levanta al día siguiente y comienza
de nuevo. Se trata de un proceso, como el abrir de un
capullo. Es un florecimiento, una floración y una flores-
cencia.

Bernie Siegel

Cuando mi hijo más pequeño, Andrew, tenía once años, me
pidió que hiciéramos una "ceremonia" junto al lago para
conmemorar el segundo aniversario de la muerte de su padre. No supe ni qué pensar. No sólo quería que viéramos en
silencio la salida del sol a orillas del lago Michigan, sino que
insistió en que, sentados en la arena, comiéramos gelatina
de cereza con plátanos.

—¿Gelatina? ¿A las seis de la mañana? —pregunté incré-
dula.

—Mamá, la gelatina roja con plátanos era el postre favorito
de papá. Siempre lo hacíamos juntos cuando lo visitaba los
fines de semana.

Yo todavía me sentía herida porque Harold había tramitado
el divorcio a los dos meses de la separación que habíamos
acordado que duraría un año, y sin esforzarse por conseguir
asesoría matrimonial. Y me sentía todavía más herida porque

él se volvió a casar el día en que terminó el trámite del divorcio. Cuando murió, dos años después, ayudé a Andrew en su proceso de aflicción, al tiempo que trataba de ignorar mis propios sentimientos. ¿Teníamos que volver a traer todo a la memoria?

—Andrew, se supone que mañana hará un frío terrible. ¿No podrías simplemente pensar en papá en casa?

—Mamá, por favor. Todo va a estar bien. Sólo quiero que nos sentemos en la arena a comer gelatina y que pensemos en papá. Nos podemos abrigar y llevar una manta.

Yo suponía que había hecho un buen trabajo al ayudar a Andrew a superar la muerte de su padre durante estos dos años, a la vez que trataba de ser la mejor madre soltera que un niño pudiera tener. Pero no me convencía esta ceremonia en la playa al amanecer. Mientras esperaba mi respuesta, su mirada de súplica me indicó lo mucho que para él significaba esta idea.

—Está bien, Andrew —articulé renuente—. Tendremos que levantarnos a las 5:15 a.m. si quieres que lleguemos cuando todavía esté oscuro.

—No hay problema, mamá. Pondré el despertador. ¿Crees que Wayne nos acompañaría si se lo pido?

Me pregunté lo que pensaría Wayne, el hombre con quien había estado saliendo desde hacía un par de meses, sobre el plan de Andrew. La esposa de Wayne había muerto justo dos meses después que Harold, y yo sabía que Wayne todavía le hacía frente a su propio dolor. Yo no sabía si sería justo arrastrarlo con nosotros a la extraña ceremonia de Andrew en la playa.

Esa tarde Wayne pasó por la casa mientras yo preparaba la gelatina roja. Andrew llevó a cabo su plan.

—Entonces, Wayne, ¿nos acompañas? La salida del sol será estupenda.

—Seguro, Andrew, me da gusto que me hayas invitado.

Yo le dirigí a Wayne una mirada que decía: "¿Estás seguro?"

—¿Te das cuenta de que mañana por la mañana la temperatura será de sólo 6 grados bajo cero? —le advertí—. Con el viento del lago, el factor de enfriamiento tal vez baje más allá de 17 grados bajo cero.

Wayne sonrió.

—Será una gran aventura.

A la mañana siguiente Wayne se estacionó frente a nuestra casa, y Andrew y yo lo saludamos en ropa invernal. Ambos llevábamos pantalones gruesos debajo de los pesados abrigos invernales, gorras y guantes. Yo llevaba orejeras debajo de la gorra.

Aventé una vieja colcha verde dentro de la camioneta de Wayne y fui a sacar la gelatina del refrigerador.

Minutos más tarde, en plena oscuridad, llegamos a Grant Park Beach, al sur de Milwaukee; éramos los únicos seres humanos a la vista. "Claro, pensé, nadie en su sano juicio estaría aquí a esta hora y con este frío."

Wayne y Andrew extendieron la colcha sobre la arena a unos diez metros del agua color negro azabache. Nos acurrucamos en una orilla de la colcha y la mitad restante la echamos sobre nuestros cuerpos como rompevientos.

Durante algunos minutos la regla del "silencio" de Andrew me incomodó. Pero entonces miré a Wayne y a Andrew y supe que ambos estaban recordando y añorando a las personas que tanto habían amado en la vida.

Yo sabía que Wayne estaba pensando en la maravillosa relación que había tenido con su amada Janet, su esposa de treinta y un años. Y, sin lugar a dudas, Andrew pensaba en Harold. En las caminatas que habían hecho junto al lago. En los partidos y los conciertos a los que su padre lo había llevado. En su viaje a Florida justo dos meses antes de su muerte.

Los miré, concentrándose en esos recuerdos maravillosos y cálidos, y de pronto mi corazón se suavizó. "¿Será que Andrew trae algo entre manos al realizar esta ceremonia?", me pregunté.

Apreté más la colcha verde alrededor de mi cuello y recordé el versículo de la Epístola a los Filipenses 4:8, que dice: "Pon tus pensamientos en lo que es verdadero, bueno y correcto. Piensa en cosas que sean puras y amables y habita en las cosas finas y buenas de los demás. Piensa en todo aquello por lo que puedas alabar a Dios y sé feliz al respecto". Recordé los días felices al inicio de mi matrimonio con Harold. Los paseos en bicicleta, cuando enseñé a Harold a patinar sobre hielo, los dos maravillosos viajes a Arizona para visitar a su hermana, su hermano y sus familias.

Recordé el nacimiento de Andrew, cuando Harold tenía cincuenta y un años, y lo orgulloso que estaba por su recién nacido. La forma en que repartió puros el día que supo que yo estaba embarazada.

Recordé lo asustada que estaba cuando Harold tuvo que someterse a una cirugía de emergencia de vesícula biliar, pocos años después de habernos casado. Recordé cómo reí cuando se disfrazó con un llamativo saco deportivo a cuadros rojo y unos pantalones a cuadros color naranja, demasiado cortos, para la celebración del "día del estudiante" en la secundaria de la que era director.

De pronto los momentos infelices de nuestro matrimonio se desvanecieron, y al mirar una línea de nubes rosas y azul acerado que iniciaban su camino sobre el horizonte, sentí como si se hubiera roto un dique. Todos los buenos recuerdos que había enterrado el día que Harold salió de nuestra casa regresaron en embestida.

Tiré de la colcha, la apreté con más fuerza alrededor de mi cuello y me acerqué más a Andrew, quien había colocado su cabeza contra mi pecho, tratando de evitar el frío. Cuanto más pensaba en Harold, mejor comprendía lo mucho que lo extrañaba.

Aunque todavía faltaban unos veinte minutos para la salida real del sol, la intensidad de su luz detrás del horizonte llenó la playa con una misteriosa sensación de "casi" día. Y yo sentí una misteriosa sensación de "casi" paz.

Cuando Andrew indicó que era el momento de comer la gelatina, retiré la tapa del recipiente. Al colocar una cucharada del dulce en la mano de Wayne, apreté sus dedos a través de los gruesos guantes. Sonrió y yo supe que comprendía lo que estaba sucediendo en mi mente y en la de Andrew.

Y así los tres comimos gelatina roja al amanecer en la playa del lago Michigan en un frío que llegaba muy cerca de los 17 grados bajo cero. Pero de algún modo yo no temblaba. Y la gelatina sabía bien. Justo cuando el sol estalló en el horizonte en una magnífica ostentación de color, Wayne y Andrew se levantaron.

—Ahora ya podemos hablar —manifestó Andrew.

Wayne colocó su brazo alrededor de Andrew y se lo acercó.

—Sé por lo que estás pasando, hijo. Yo amé a mi esposa mucho, igual que tú a tu papá. Y es algo maravilloso tomarse tiempo para disfrutar esos recuerdos.

Yo me levanté cuando el círculo completo de un sol naranja intenso descansaba en el horizonte de manera precaria y con una hermosura que cortaba el aliento.

—Andrew, caminemos por la playa un rato.

—Buena idea —sonrió Wayne—. Yo voy a calentar la camioneta.

Mientras Andrew y yo caminamos tomados de la mano a lo largo de la orilla, hablamos de su papá. Andrew iba recogiendo piedras y las lanzaba tan lejos como podía.

—¡Te amo, papá! —gritó al viento.

Era hora de regresar. Cuando llegamos de nuevo a casa, Andrew anunció que iba a preparar su especialidad.

¡Pan francés para todos!

Más tarde, cuando nuestros vasos de jugo de naranja tintinearon al brindar por Harold Lorenz, supe que gracias a ese sensible niño de once años no sólo había sido yo partícipe de un extraño mundo de ceremonia y silencio, sino que se me había dado la oportunidad de mostrar por primera vez sin reservas mi aflicción, y de "habitar en las cosas finas y buenas de los demás". Desde ese día en adelante me fue más fácil alabar a Dios por todo lo que en mi vida es "verdadero, bueno y correcto", incluyendo a ese hijo tan especial llamado Andrew.

Patricia Lorenz

Cuando damos las gracias

Las palabras amables no cuestan mucho... sin embargo, consiguen mucho.

Blaise Pascal

Siempre celebrábamos el cumpleaños de papá, que era en noviembre, el día de acción de gracias; incluso cuando se fue a vivir a un hogar para ancianos. Con el paso de los años, aquel suceso adquirió doble significado para mí; es decir, una fiesta de cumpleaños tradicional para papá y un agradecimiento personal por todo lo que él había sido para mí en la vida.

Cuando supimos que podría ser su último cumpleaños, todos los miembros de la familia decidimos reajustar nuestros planes para el día de acción de gracias y reunirnos para llevar a cabo una enorme celebración del cumpleaños del abuelo Simon en el hogar para ancianos. Fue una fiesta muy concurrida, con mucho alboroto y comida en abundancia. Papá se divirtió como nunca. Era un excelente narrador de historias y aquí tenía la audiencia cautiva más numerosa de toda su vida. La fiesta revoloteaba a su alrededor.

En un momento de calma anuncié que, para variar, ahora le tocaba a papá escuchar algunos relatos. Yo quería que todos le dijéramos al abuelo Simon lo que nos gustaba de él. El salón se quedó en silencio e incluso papá se calló mientras su familia se reunía a su alrededor, como súbditos alrededor del trono.

Uno tras otro todos narraron anécdotas que salieron del fondo de su corazón, mientras papá escuchaba, con los ojos azules húmedos y relampagueando. La gente recordó todo tipo de vivencias olvidadas, historias de cuando eran pequeños, historias de cuando papá era joven, historias que son un tesoro compartido de familia. Entonces alguien narró la historia de mamá y el florero...

Mamá era una mujer robusta y de baja estatura que siempre se inclinaba sobre la mesa para leer el periódico. Con los codos sobre la mesa para apoyar la barbilla, su cuerpo hacía un ángulo recto perfecto. Un día, papá le colocó el florero chapeado en oro que ella apreciaba tanto, una reliquia familiar, justo en el trasero, en el ángulo que se formaba en su cintura. Ella no se podía mover, no podía dejar de reírse, y gritaba pidiendo ayuda a través de las lágrimas, mientras el florero se tambaleaba. Todos los demás nos tirábamos al suelo de risa, hasta que papá finalmente rescató el florero.

Los relatos fluyeron. Cada uno parecía desencadenar el recuerdo de dos más. Ni siquiera los nietos más pequeños podían esperar para decirle a papá por qué lo amaban. Papá era un hombre que había sido bondadoso con muchas personas en su vida, y aquí teníamos la oportunidad de festejarlo.

Meses más tarde, en el funeral de papá, comprendimos mejor lo que le habíamos dado aquel día. Las historias que contamos son las que la gente normalmente platica en un funeral, cuando el ser amado ya no está ahí para escucharlas. Entonces se platican, entre lágrimas, con la esperanza de que el que se fue de algún modo escuche las palabras efusivas de amor. Pero nosotros dimos a papá esos recuerdos de amor todavía en vida, narrados entre risas, acompañados de abrazos y de alegría. Los tuvo para retenerlos y repetirlos en su memoria durante sus últimos meses y días.

Las palabras son importantes, y son suficiente. Sólo necesitamos decirlas, manifestárselas en público a quienes amamos para que todos los demás las escuchen. Esa es la manera de corresponder al amor y la oportunidad de exaltar a una persona en vida.

Sidney B. Simon

Una madre está esperando

Dios no podía estar en todas partes, por esa razón creó a las madres.

Proverbio judío

John Todd nació en Rutledge, Vermont, en una familia en la que había muchos niños. A principios de la década de 1880 la familia se mudó al pueblo de Killingsworth. Ahí, a edad muy temprana, tanto el padre como la madre de John murieron.

Una tía amable y cariñosa ofreció que ella se encargaría del pequeño John. La tía envió un caballo y un sirviente, Caesar, para recoger a John, quien entonces sólo contaba con seis años de edad. En el camino de regreso tuvo lugar esta cautivadora conversación.

John: ¿Estará ella ahí?

Caesar: Oh, sí, ahí estará esperándote.

John: ¿Me gustará vivir con ella?

Caesar: Hijo, caes en buenas manos.

John: ¿Me amará?

Caesar: Ah, ella tiene un gran corazón.

John: ¿Tendré mi propia habitación? ¿Me dejará tener un perrito?

Caesar: Tiene todo preparado, hijo. Creo que tiene algunas sorpresas, John.

John: ¿Crees que se irá a dormir antes de que lleguemos?

Caesar: ¡Oh, no! Seguramente te estará esperando despierta. Ya lo verás cuando salgamos de estos bosques. Verás la vela en su ventana.

Naturalmente, al aproximarse a la casa, John vio una vela en la ventana y a su tía de pie en el claro de la puerta. Al acercarse con cautela al pórtico, ella se inclinó y lo besó.

—Bienvenido a casa —le dijo.

John Todd creció en el hogar de su tía y posteriormente llegó a ser un gran ministro. Ella fue como una madre para él. Le dio un segundo hogar.

Años más tarde la tía le escribió a John para hablarle de la muerte que la amenazaba debido a su falta de salud. Se preguntaba qué sería de ella.

Esto es lo que John Todd escribió en respuesta:

Mi querida tía:

Hace años dejé una casa de muerte sin saber a dónde iría, si a alguien le importaba, si sería mi fin. El viaje fue largo, pero el sirviente me dio ánimos. Finalmente, llegué a tu abrazo y a un nuevo hogar. Se me esperaba, me sentí a salvo. Tú hiciste todo eso por mí.

Ahora te toca a ti partir. Te escribo para que sepas que alguien te espera despierto, que tu habitación está lista, la luz encendida, la puerta abierta, ¡y que se te aguarda! Lo sé. Una vez vi a Dios de pie en el claro de tu puerta... hace mucho tiempo.

Condensado de Moments for Mothers

Pensé que les gustaría saberlo

No sólo debemos dar lo que tenemos, también debemos dar lo que somos.

Desiré-Joseph Mercier

Diane Weinman sufrió una pérdida intolerable: la muerte de su hija Katie, de diecisiete años, en un accidente automovilístico. En medio de su dolor, recibió una carta del asistente del alguacil, quien había estado en el lugar de los hechos. La carta hizo la pérdida un poco más tolerable para ella y para su esposo.

Señor y señora Weinman:

Siento mucho su pérdida. Les escribo esta carta porque yo tengo tres adolescentes, un hijo y dos hijas. Si alguno de ellos muriera, me gustaría saber las cosas que les voy a decir.

Llegué al lugar del accidente, un trecho del camino cubierto de hielo. Katie estaba en el asiento del conductor. Había recibido un severo golpe en el lado izquierdo de la cabeza que la había dejado inconsciente. Yo le levanté la cabeza para facilitar su respiración, y la sostuve con ternura y cariño hasta que llegó el personal de rescate. Después de algunos minutos resultó claro que Katie no sobreviviría, pero nosotros no dejamos de ayudarla a respirar hasta que se le conectó un monitor electrónico y se verificó que se había ido.

Quería que supieran que Katie no despertó, ni se asustó, ni sufrió. Jamás recuperó la conciencia. También quería que supieran que no murió sola. Murió sostenida por un padre que ama a sus hijas adolescentes, y que sabe lo valiosos que son los hijos. Lamento que esto le haya sucedido a su pequeña hija. Por favor, llámenme si alguna vez desean hablar de aquel día.

Con devoción,
Robert Gross
Departamento del Alguacil del Condado de Lane

No es de sorprender que los Weinman quisieran conocer a Gross. Esto ocurrió en el funeral de Katie.

—Unas cuantas semanas después, vino a visitarnos, se quedó dos horas y contestó todas mis preguntas —dijo Diane Weinman posteriormente—. Me ayudó tanto, porque él es papá y conocía mi dolor. Fue sincero y honesto, y tiene una gran fe. Hizo la gran diferencia. Aun con mi dolor, me dijo lo que yo quería saber.

Karen Nordling McCowan

La historia de Matt

Todo, cualquier cosa que comprendo, lo comprendo sólo porque amo.

León Tolstoi

Yo estaba afligida. Estaba afligida porque mi médico me acababa de informar que padecía esclerosis múltiple, una enfermedad impredecible que puede causar estragos en el sistema nervioso central. Pero no estaba afligida sólo por mí; mi buen amigo, Matt Bennett, acababa de morir.

El teléfono sonó a las siete de la mañana del sábado. El padre de Matt, Jesse, habló con calma.

—Perdimos a Matt a medianoche.

—Matt había sido, y seguirá siendo, mi modelo de actitud. Era un león de valor. Lo conocí cuando él tenía trece años, cuando mi periódico, un diario de Los Ángeles, me pidió que investigara su historia. A Matt se le había diagnosticado neuroblastoma, un cáncer fatal que con el tiempo pasaría del estómago a todo el cuerpo.

Aquella no era una historia por la que un periódico se interese de manera normal, pero lo que nos intrigó fue que Matt no pensaba abandonar su liga de beisbol. Sencillamente siguió jugando, luchando a pesar de su dolor, todavía con sentido del humor. Era un muchacho fornido. Su propia madre lo llamaba toro. Cuando lo conocí, se quitó con alegría la gorra de beisbol para mostrarme orgullosamente la cabeza calva después de la quimioterapia.

Era único, nuestro Matt. Yo era sólo una reportera, pero no podía evitar involucrarme con esta familia. Perdí todo sentido de la objetividad. Olvídenlo. Había tanto amor entre Matt y su madre, Billie, que uno podía sentir su intensidad al cruzar la puerta de su casa o al verlos juntos. Ella dejó de trabajar y cuidó a Matt hasta el último día de su vida, incluso en los momentos en los que él decidía probar algún nuevo medicamento experimental y ella lo escuchaba gritar de dolor desde la habitación contigua.

—Todavía hay esperanzas, mamá —siempre le decía.

Su historia es una de valor porque nunca se dio por vencido. Traté a Matt durante tres años, desde que tenía trece hasta que cumplió dieciséis. Estuve ahí cuando se graduó de secundaria y escribí un relato al respecto. Lo visité en su casa y en el hospital. Cuando resultó evidente que yo estaba enferma, Matt estuvo conmigo. Quería ir al hospital y sostener mi mano mientras me hacían las pruebas. Lo explicaba con algo así:

—Yo he pasado por esas. Yo entiendo. Yo he hecho todo eso.

Una noche, ya casi al final de su vida, fui con mi esposo a visitarlo al hospital. Estaba viendo a su equipo favorito, los Atléticos de Oakland, y a su jugador favorito, Mark McGwire (McGwire se dio tiempo para conocer a Matt, por lo que su familia le está eternamente agradecida). Era algo extraño porque Matt no podía ver televisión. El cáncer lo estaba dejando ciego, pero uno no se daba cuenta. Hacía comentarios sobre cada jugada y nos decía lo orgulloso que estaba de McGwire.

El instante siguiente fue uno de los más impactantes de mi vida. Matt se volvió hacia mí, me miró como si pudiera verme y anunció en la habitación llena de gente:

—Diana, te amo.

Me sorprendió que un muchacho de dieciséis años pudiera decir eso, pero en ese momento comprendí que Matt había pasado de ser un niño a ser un hombre. Yo amaba a Matt.

Olvidemos el periodismo. Olvidemos la norma de que los reporteros supuestamente deben ser objetivos. Cuando uno se topa con alguien como Matt, no existe tal cosa. Sólo hay amor. Lo abracé para despedirme y le dije que regresaría.

Antes de poder hacerlo, llegó la llamada. Mi esposo me tomó entre sus brazos y me sostuvo mientras lloraba.

Ese día, más tarde, fuimos a la florería para enviar un ramo a la familia. Cuando entramos yo estaba temblando y sentí que me derrumbaba.

Di a la florista la dirección y ella me pidió el número telefónico.

—No lo llevo conmigo —respondí.

—Bueno, no lo puedo enviar sin el número —me explicó cortésmente—. Nos tenemos que asegurar de que haya alguien en casa para recibirlo.

Entonces me entró el pánico.

—Llame a información —insistí, pero dentro de mi corazón sabía que los Bennett no estaban en las listas. La florista llamó mientras estábamos ahí; la tensión llenaba el ambiente. Empecé a sentirme verdaderamente mal.

Mientras mi esposo y yo la veíamos hablar por teléfono, advertimos que una extraña expresión aparecía en su rostro. La expresión era muy peculiar y, de hecho, ella estaba entablando una conversación con la operadora. Cuando colgó, nos miró sorprendida e impactada.

—Ellos no están inscritos. Pero la operadora es su vecina y prometió asegurarse de que reciban la planta.

Hubo un gran silencio. Nos miramos unos a otros.

De inmediato me tranquilicé porque supe que de algún modo Matt seguía conmigo tratando de que conservara la calma. Tres años después, sigue conmigo, por lo menos en mi corazón. Conservo su fotografía en mi recámara, y cada vez que me siento mal y desdichada, pienso: "¿Cómo manejaría esto Matt?"

Diana L. Chapman

Ella estaba esperando

La paciencia es una planta amarga, pero su fruto es dulce.

Proverbio alemán

Yo te amé cuando eras sólo una idea, sólo el sueño de una futura maternidad. Me gustaba hacer planes, preguntarme cómo serías. Era difícil imaginar contener tu cuerpecito, crear realmente a una personita. No obstante, sabía que algún día llegarías a ser una realidad; un día, mi sueño de transformarme en madre se haría realidad.

Cuando llegó ese día, sentí que estaba soñando. No podía creer que fueras verdad. Me frotaba el vientre y te platicaba. Pensaba en la fecha término, en el día en que podría mirarte y sostenerte para finalmente ver cómo eras, mi pequeño. Todo lo que hacía, lo hacía por ti. Todo lo que comía, cada comida que hacía, pensaba en ti, en la pequeña vida que estaba alimentando.

Tu papi y yo planeamos tu habitación, seleccionamos nombres, comenzamos a ahorrar para tu futuro. Ya te amábamos. No podíamos esperar a sentir tus dedos miniatura apretando los nuestros. Nos ilusionaba bañar tu cuerpo suave, escuchar tu llanto, cuando nos pidieras que te alimentáramos.

Ansiábamos tus primeros pasos, tus primeras palabras, tu primer día de clases. Anhelamos ayudarte con tu tarea e ir a tus juegos de beisbol. Me era difícil imaginar a mi pequeño llamar al hombre que amo "papá". Estas son las pequeñas cosas que veíamos en el futuro durante los meses en los que crecías dentro de mí. ¡Te amábamos!

En un minuto estos sueños desaparecieron. Una mañana brumosa, en un ultrasonido de rutina, nos enteramos de que habías dejado de crecer semanas antes. Nos habías dejado sin que nosotros lo supiéramos. Todos nuestros pensamientos y nuestros sueños respecto a ti habían sido en vano. Pero te seguíamos amando. Nos llevó mucho tiempo sobreponernos a ese golpe. Se nos dijo que yo me podía volver a embarazar después de algunos meses. ¡Pero nosotros te queríamos a *ti!*

Con el tiempo comprendimos que Dios todavía no había dispuesto que nosotros tuviéramos un hijo, que estaríamos mejor preparados cuando fuera el momento preciso. Esto nos reconfortó, aunque te echamos de menos. Nos había entusiasmado tu llegada, pero podíamos esperar si era lo mejor. Y sabíamos que cuando llegaras, yo me quedaría en casa contigo y tú tendrías una mejor vida, porque tu papá ya habría terminado sus estudios. De este modo, nosotros finalmente aceptamos nuestra pérdida.

Han pasado cuatro años desde aquella terrible pérdida. Esta mañana me senté en nuestro chapoteadero con mi hija de tres años. Al mirar sus pequeñas manos sacando agua con un pequeño cubo, me maravillé de su hermosa inocencia. En verdad fue un milagro que nosotros hayamos podido ser parte de una creación tal. De pronto, ella me miró intensamente, y con un guiño me dijo:

—Mamá, tú no estabas lista para mí la primera vez que vine, ¿o sí?

Coloqué mis brazos alrededor de mi maravillosa hija y a través de las lágrimas sólo pude responder:

—No, pero te extrañamos mucho mientras te fuiste.

Nunca más volvimos a sufrir por nuestro bebé perdido, porque ahora yo sabía que había regresado con nosotros. Este es el mismo niño del que nos enamoramos años atrás.

Sara Parker

6

UNA CUESTIÓN DE PERSPECTIVA

Dos hombres miran hacia el exterior a través de los mismos barrotes; uno ve el fango, el otro, las estrellas.

Frederick Langbridge

Un ángel en nuestro patio trasero

Hay hombres y mujeres que hacen que el mundo sea mejor sólo por ser quienes son. Poseen el don de la bondad o del valor o de la lealtad o de la integridad. Importa muy poco si están detrás del volante de un camión, administrando un negocio o levantando una familia. Ellos enseñan la verdad viviéndola.

James A. Garfield

Me encontraba trabajando en el salón de belleza que dirijo fuera de nuestra casa, cuando mi esposo Den entró, con expresión de preocupación en el rostro.

—Mira lo que encontré en la casa del árbol de las niñas —manifestó. Levantó unos pantalones de mezclilla y una playera—. Parece como si alguien estuviera viviendo en el patio trasero.

—Son esos muchachos —exclamé, horrorizada—. Den, tú estás en el concejo municipal. Tenemos que hacer algo.

A últimas fechas se habían presentado diversos actos de vandalismo, un impacto para nuestra pequeña ciudad, y se habían visto muchachos adolescentes de otras áreas rondando por las calles. Era el otoño de 1991, y el crimen había llegado a ser una espantosa realidad en la cercana ciudad de Lancaster. Nuestro poblado estaba determinado a evitar que el problema se extendiera hasta Manheim.

—Informaré de esto a la policía —indicó Den.

Días más tarde miré por la ventana y vi a un grupo de muchachos adolescentes caminando entre nuestra casa y la de los vecinos, rumbo a la calle. Salí corriendo a la puerta puse dos de mis dedos en mi boca y eché un silbido penetrante.

Los muchachos se volvieron. Eran cuatro y usaban pantalones de mezclilla y playeras relativamente limpios; hasta donde pude ver, no llevaban los colores de una pandilla.

—Oigan —exclamé—. ¿Qué estaban haciendo en nuestro patio trasero?

—Sólo cortando camino —respondió uno.

—¿Por qué no están en la escuela? —pregunté.

—No necesitamos esa basura —profirió otro.

Entonces un joven alto dio un paso adelante. A diferencia de los demás, me miró de frente.

—Me gustaría estar en la escuela —indicó—, pero no en el vecindario donde vivo —tenía acento hispánico, ojos color café canela, era delgado y estaba bien rasurado.

En tanto ellos continuaron hacia la calle, yo regresé al salón de belleza. Por lo menos no se veían como pandilleros o criminales empedernidos. Y había un toque apremiante en ese chico que deseaba estar en la escuela. De algún modo no me sorprendió que uno o dos días más tarde reapareciera mientras yo barría con el rastrillo las hojas de nuestro patio.

—Hola —saludó—. ¿Puedo echarle una mano?

Lo estudié un momento, tratando de leer lo que había detrás de esos ojos. Le entregué el rastrillo.

—¿Cómo te llamas? —pregunté—. ¿De dónde eres?

—Ángel Meléndez —contestó—. Soy de Lancaster. Pero las cosas ahí se están poniendo bastante mal.

—Entonces, ¿dónde estás viviendo?

—A veces le caigo a un amigo —explicó—. Yo escondí algo de ropa en su casa del árbol. Lo siento, no fue mi intención causarle ningún problema.

—¿Quieres que te la regrese? —pregunté. Él afirmó con la cabeza.

Entré y dejé a Ángel trabajando laboriosamente. Después de reunir su ropa, lo observé desde la planta alta. Se veía muy delgado. Un almuerzo sería un trueque justo por barrer una gran pila de hojas.

El césped quedó bastante bien. Ángel se sentó frente a la mesa de la cocina y devoró los emparedados como si se hubiera podido comer media docena más.

Durante los días siguientes, Ángel siguió pasando para platicar. A veces hablaba de su sueño de llegar a ser piloto naval. Empezó a visitarnos por la noche, mientras Den y yo veíamos televisión con nuestras hijas adolescentes, Halley y Amanda. Cada vez que yo sacaba algún bocadillo, él comía con voracidad. Cuando nos daba las buenas noches alegremente, sabíamos que lo enviábamos a la calle. ¿A dónde? A ningún lado.

Entonces, una noche, Den formuló:

—Ángel, si no tienes a dónde ir, puedes dormir afuera en mi taller.

—Gracias —articuló Ángel sonriendo. Ya en la puerta, giró, un poco nervioso—. Señor y señora Brumbach —añadió—, de verdad me gustaría terminar la preparatoria. Me preguntaba si ustedes me podrían ayudar.

Al prepararnos para dormir, Den y yo nos dirigimos las mismas preguntas el uno al otro. ¿Qué íbamos a hacer respecto a Ángel? Parecía un buen chico. Pero ¿sería conveniente involucrarnos?

—Antes de que esto vaya más lejos —propuso Den—, veré que la policía revise sus antecedentes para asegurarnos de que es quien dice ser.

Entretanto, Ángel nos informó lo que había investigado. Para inscribirse en nuestra preparatoria necesitaba un domicilio local permanente, así como un padre o tutor legal que residiera en el distrito.

Esa noche, cuando Den llegó a casa, nos llamó a Halley, a Amanda y a mí a la mesa de la cocina.

—Hablé con la policía de Manheim —explicó—. El oficial David Carpenter telefoneó a Lancaster y habló con el sargento Wilson. Parece ser que el muchacho ha vivido solo desde que tenía ocho años; ahora tiene diecisiete. Pero lo que le impresionó al sargento Wilson es que, para ser un muchacho que se ha levantado solo, Ángel jamás ha estado en problemas.

—Todo lo que quiere es ir a la escuela —murmuró Halley—. ¿Cómo es que no lo podemos ayudar?

Resultó que el oficial Carpenter también se había conmovido por Ángel. Noches después nos llamó.

—Sé que se supone que un oficial de policía no se debe involucrar personalmente en su trabajo —señaló Carpenter—, pero a veces uno tiene que hacerlo. No tengo espacio para que Ángel viva conmigo, pero estoy dispuesto a ser su tutor legal.

Fue más difícil convencer al resto de nuestra comunidad. Comenzamos a recibir llamadas telefónicas, muchas anónimas, que sostenían que Ángel no era bienvenido en nuestra ciudad.

Al parecer la escuela tampoco lo quería. Las semanas se convirtieron en meses, ya que los trámites burocráticos no dejaban de obstaculizar su admisión. Entretanto, Ángel obtuvo un trabajo en el McDonald's de la localidad. Desayunaba y cenaba con nosotros, y al anochecer hacía trabajos ocasionales en casa o veía televisión.

El clima empezó a enfriar; el taller de Den en el que dormía Ángel no tenía calefacción. Llamamos a otra reunión familiar. Por muy encariñados que estuviéramos con Ángel, dejarlo que se mudara a nuestra casa era un paso muy grande. Tal vez demasiado grande.

—¿Qué más podemos hacer? —preguntó Halley.

—Está haciendo cada vez más frío —añadió Amanda.

Era muy valeroso por parte de ellas. Yo sabía que había muchachos en la escuela que las cuestionaban al no comprender la situación. Ellos sólo sabían que Ángel era hispano y un "muchacho de ciudad".

—Si lo aceptamos como miembro de la familia, se le tratará como tal —indiqué—. Tendrá sus tareas y un horario de salidas y entradas; tendrá que trabajar duro y obedecer nuestras reglas.

Todos estuvimos de acuerdo en que Ángel se podía mudar con nosotros. Se quedó extasiado cuando se le invitó a dormir en el sillón de la sala.

—Las puertas se cierran a las diez de la noche —advertí—. Para entonces, tú ya tendrás que estar dentro.

—Sí, mamá —aceptó.

Aquel muchacho en verdad me había atrapado.

—Ángel —le dije—, tú has pasado por cosas en verdad difíciles en tu vida. ¿Cómo has salido adelante?

—Dios me ha ayudado a no darme por vencido —respondió—. Tendría yo unos siete años cuando empecé a ir a ese lugar que llaman Refugio para Jóvenes. Era una especie de centro juvenil donde me hablaron de Jesús. Conforme he crecido, sé que él ha seguido conmigo, que me ha mantenido a salvo y que me ha guiado hacia personas buenas, personas como... ustedes.

Por fin, seis meses después de haber iniciado el proceso, Ángel obtuvo un tutor legal y una dirección permanente. Nunca he visto a nadie tan entusiasmado como lo estuvo Ángel la mañana en que el oficial Carpenter y Den lo llevaron a inscribirse a la escuela. Llevaba puesta su mejor ropa y sostenía sus útiles escolares como si fueran billetes de lotería con el premio mayor.

Fue una victoria maravillosa. Pero pagamos un precio alto por ella. Den y yo vimos cómo decayó nuestra vida social, excepto por un par de amigos íntimos. Los clientes de mi salón de belleza disminuyeron. Gente que normalmente nos ofrecía un saludo amistoso, ahora nos ignoraba. A veces Den y yo nos contestábamos de mal modo, como desahogo equivocado de nuestra frustración. Yo empecé a perder el sueño. Muchas noches me levantaba a caminar, llorando y orando. ¿Valía la pena? ¿Le debía pedir a Ángel que se fuera?

Una noche, deprimida y confundida, me dejé caer en el piso de la cocina en la oscuridad, y mis lágrimas fluyeron.

—¿Cuál es la respuesta, Señor? —pregunté—. Para el resto de la familia sería mucho más fácil pedirle a Ángel que se fuera. Pero él es tu hijo y se está esforzando mucho. ¿Qué debo hacer?

En el momento en que el grito de ayuda escapó de mis labios, el extremo opuesto de la cocina comenzó a irradiar una luz nebulosa pero intensa. Deslumbrada por la enorme brillantez, sentí que conmigo, en esa cocina, había una presencia cálida y adorable. De algún modo supe que era un ángel. Dejó un mensaje silencioso, pero claro: "Deja que se quede, Deni. Todo saldrá bien."

Más sorprendente que la irradiación sobrenatural fue cómo, en un parpadear de ojos, yo me sentí envuelta en un manto de paz. Sin importar qué trastornos nos esperaran, supe que Dios nos sería fiel si nosotros le éramos fieles a él.

Cuando levanté la vista de nuevo, la cocina se encontraba a oscuras y yo estaba sentada sola junto al radiador.

Eso fue hace tres años. El personal de la escuela comenzó a conocer a Ángel. Los maestros encontraron en él a un alumno entusiasta; los entrenadores, a un deportista de primera clase; los demás muchachos, a un amigo leal. Mi ansiedad y mi frustración fueron sustituidas por el amor y la comprensión hacia quienes habían reaccionado de manera negativa ante un muchacho que era diferente. Cuando estuve lista para perdonar y regresar con aquellos que nos habían despreciado, muchos estaban más que preparados para renovar nuestra amistad. Gente que se había mostrado desconfiada respecto a Ángel, empezó a ayudarle con dinero para lentes, ropa, zapatos. Incluso se le ofreció un trabajo de medio tiempo en una maderería de la localidad.

Ángel se esforzó tanto para ponerse al día en la escuela que obtuvo casi siempre las mejores notas. Jugó en los equipos escolares hasta que cumplió dieciocho; ahora ayuda a dirigirlos. Cuando descubrió que su mala vista le impediría ser piloto naval, dirigió su atención a la universidad, y habla de que algún día estudiará biología marina.

La Biblia dice que algunos "sin saberlo, hospedaron ángeles" (Hebreos 13:2). Nosotros somos afortunados, nosotros lo sabemos. Doy gracias a Dios por el día en que nuestro Ángel dejó su ropa en nuestra casa del árbol, y por el ángel que me dijo en la cocina que lo dejara quedarse.

Denise Brumbach
Referido por Mary Schellenger

La cicatriz

Un niño invitó a su madre a asistir a la primera conferencia para maestros y padres de su escuela primaria. Para desconsuelo del pequeño, ella aceptó ir. Esa sería la primera vez que sus compañeros de clase y su maestra verían a su madre, y él se avergonzaba de su apariencia. Aunque era una mujer hermosa, una severa cicatriz le cubría casi por completo el lado derecho de la cara. El niño siempre se había negado a hablar acerca de por qué o cómo ella se había hecho aquella cicatriz.

En la conferencia, la gente se quedó impresionada por la bondad y la hermosura natural de su madre, a pesar de la cicatriz; pero el niño seguía avergonzado y se escondía de los demás. Sin embargo, de pronto su mamá y su maestra quedaron al alcance de su oído y escuchó una conversación entre ellas.

—¿Cómo se hizo esa cicatriz en el rostro? —preguntó la maestra.

—Cuando mi hijo era todavía un bebé —respondió la madre—, estaba en una habitación que se incendió. A todos les dio miedo entrar porque el fuego estaba fuera de control, así que yo entré. Al correr hacia su cuna, vi que caía una viga y me coloqué sobre el bebé para tratar de protegerlo. Recibí un fuerte golpe que me dejó inconsciente, pero, por fortuna, un bombero entró y nos salvó a los dos —se tocó el lado quemado del rostro—. Esta cicatriz será de por vida, pero hasta ahora, nunca me he arrepentido de haber hecho lo que hice.

En este momento, el pequeño llegó corriendo hacia su madre con lágrimas en los ojos. La abrazó y se sintió sobrecogido por el sacrificio que su madre había hecho por él. Durante el resto del día no le soltó la mano.

Lih Yuh Kuo

Thelma

El sentido del humor es la máxima bendición de la humanidad.

Mark Twain

Incluso a la edad de setenta y cinco años, Thelma seguía siendo muy jovial y llena de vida. Cuando su esposo falleció, sus hijos le sugirieron que se mudara a una "comunidad para personas de edad avanzada". Siendo Thelma una persona sociable y que amaba la vida, decidió hacerlo.

Poco tiempo después de mudarse, Thelma se autoeligió directora de actividades y coordinó todo tipo de cosas que la gente de la comunidad hacía. Pronto se volvió muy popular y se hizo de muchos amigos.

Cuando Thelma cumplió ochenta años, sus nuevos amigos le quisieron mostrar su aprecio y le hicieron una fiesta sorpresa. Esa noche, cuando Thelma entró en el comedor para cenar, se le recibió con una interminable ovación y uno de los coordinadores la guió hasta la cabecera de la mesa. Durante toda la noche hubo risas y diversión, pero a lo largo de toda la velada, Thelma no pudo quitarle la vista de encima a un caballero que estaba sentado en el otro extremo de la mesa.

Cuando terminó la fiesta, Thelma se levantó de inmediato y se apresuró hacia el individuo.

—Perdón —le dijo—, por favor discúlpeme si lo hice sentir incómodo al estarlo observando durante toda la velada. Sencillamente no podía evitar mirar hacia su lugar. Usted es idéntico a mi quinto marido.

—¡Su quinto marido! —respondió el caballero—. Perdóneme por preguntar, pero ¿cuántas veces ha estado usted casada?

Con eso, apareció una sonrisa en el rostro de Thelma.

—Cuatro —contestó.

Al poco tiempo se casaron.

Shari Smith

Para salvar una vida

Es bueno recordar que no somos impotentes. Siempre hay algo que podemos hacer.

Carla Gorrell

En aquellos caóticos años al final de la década de 1940, justo después de que terminó la Segunda Guerra Mundial, una familia de inmigrantes en Nueva York trató de entrar en contacto con sus familiares sobrevivientes en Hungría. La comunicación era esporádica, el correo, poco confiable y los expedientes habían sido destruidos, eran incorrectos o se habían perdido. Podían pasar semanas o meses para que las cartas viajaran a Europa y hallaran su camino hasta sus destinatarios, y se requería del mismo tiempo para que regresara la respuesta. Era difícil, si no es que imposible, obtener información confiable.

La familia de inmigrantes se preguntaba si sus parientes seguirían vivos. ¿Habrían sobrevivido todos la guerra? ¿Dónde estarían viviendo? Era muy difícil saberlo. Entonces recibieron una carta, en húngaro, del tío Lazlo, desde una pequeña aldea cerca de Budapest. Sí, algunos miembros de la familia habían sobrevivido la guerra. Era exasperante lo incompleta que era la carta en las noticias que ofrecía. Sin embargo, quedaba claro que pasaban hambre y sufrían. Había escasez de alimentos y de artículos de primera necesidad. El mercado negro operaba a su máxima capacidad, la moneda estaba devaluada y casi no tenía valor. Para sobrevivir cada día, la gente requería de toda su energía y su ingenio.

Los neoyorquinos quedaron consternados por las historias de desolación y carencia que podían hilar al leer y releer esa carta arrugada, escrita en el delgado papel aéreo de aquella época. Contentos de poder leer de nuevo en húngaro, los miembros más viejos de la familia tradujeron la carta para los hijos nacidos en Norteamérica. Discutían acerca de la traducción de esta o aquella frase. Pero les quedaba claro que podían ser de utilidad para la familia que estaba allá en la lejanía.

Decidieron enviar artículos de supervivencia a sus primos y tíos. Trataron de imaginar qué necesitarían y apreciarían, pero al no haber experimentado directamente la guerra, no les era sencillo definir la lista de cosas que enviarían. Incluyeron carnes y verduras enlatadas y chocolates. Terminaron la lista con artículos básicos como papel de baño y vendas. Al final el paquete se transformó en varias cajas llenas hasta el tope con cientos de artículos. Llenaban los espacios pequeños que quedaban en las cajas con objetos diversos que encontraban a la mano, como dulces, pañuelos, papel para escribir y lápices.

Por fin, sellaron las cajas, las envolvieron a conciencia en papel de estraza y las amarraron con cuerda para ayudarlas a soportar el largo y riesgoso viaje a través del mar. Las cajas llegaron a la oficina de correos y comenzaron su trayectoria sin más pormenores.

Y esto fue todo lo que la familia neoyorquina supo durante meses y meses. Se preguntaban si los paquetes habrían llegado a su destino o si se los habrían robado. ¿Le habría pasado algo terrible a la familia en la confusión de la posguerra en Europa? Qué irónico sería haber sobrevivido la guerra misma y morir o salir herido por sus desastrosas consecuencias. La familia estaba preocupada. En cada cena, en cada reunión, la plática giraba alrededor de los paquetes y la familia en Europa.

Un tío, sentado a la mesa en la cena del día de acción de gracias, les reprochó:

—Debieron haber incluido dinero para el porte de correos. Tal vez no tienen dinero para escribirnos —pero se topó con miradas de enojo—. Bueno, no me importa lo que piensen ustedes, yo les voy a enviar algo de dinero para el correo.

—Mejor les deberías enviar suficiente dinero para que vengan —contestó alguien.

—¡Grandioso! —respondió el tío—. A ustedes les es muy fácil gastar el dinero que no tengo ¿verdad? Oigan bien, hay cuotas para la inmigración. No es tan sencillo que se incluya a alguien en las listas para venir a Estados Unidos, sin importar que haya dinero o no.

—Tal vez no les enviamos las cosas que en verdad necesitaban —añadió alguien más.

La discusión continuó sin cesar. El contenido no importaba. Sólo estaban expresando, una y otra vez, la preocupación, la inquietud y los sentimientos de impotencia. ¿Cómo podrían ayudarlos de verdad?

El silencio de la familia distante era deprimente, en especial a la luz de los noticiarios cinematográficos (ya que la televisión era poco común entonces) que mostraban a europeos esqueléticos caminando desanimados por calles salpicadas de escombros, rodeando los cráteres de las bombas o formados en filas interminables para que médicos enviados por el gobierno estadounidense los auscultaran. Los encabezados alimentaron sus preocupaciones cuando los periódicos escribieron sobre el plan Marshall y la necesidad de una gran ayuda para reconstruir los países devastados por la guerra. Circulaban historias de gente que moría de hambre, las noticias de un severo invierno, pocas veces vivido en Europa, y de la escasez de alimentos, perturbaban todavía más a la familia.

Aunque no vivía en la opulencia, la familia envió casi cada semana más paquetes al vacío, sin tener la certeza de que los queridos parientes los recibieran. El silencio continuaba. Era para enloquecer.

Por fin llegó otra carta del tío Lazlo. Estaba doblada, arrugada y rota en los bordes, pero se podía leer.

"Mi muy querido primo", empezaba la carta, con la formalidad con la que acostumbraba escribir el tío Lazlo, "recibimos tres paquetes enviados por ustedes. Les estaremos por siempre en deuda por estas magníficas cosas. No saben lo atinado que fue su arribo. Los alimentos escasean por aquí y Ana ha estado enferma con fiebre todo el tiempo. Estos alimentos han significado todo para nosotros. He de confesar que vendimos en el mercado negro algunas de las cosas que nos enviaron, con el fin de obtener dinero para pagar la renta." La carta seguía con comentarios respecto a casi todos los productos que iban en las cajas, y el uso que se les había dado. Entonces apareció un misterio.

"Asimismo, jamás podremos estarles lo bastante agradecidos por la medicina que enviaron. Es muy difícil conseguir medicamentos aquí y a menudo son de baja potencia y no sirven. El primo Gesher ha sufrido un dolor continuo durante años y esa medicina lo curó milagrosamente. Sólo caminaba con la ayuda de un bastón; sus rodillas estaban muy inflamadas. Con esta medicina ha vuelto casi a la normalidad. Mi dolor de espalda desapareció por completo, así como los dolores de cabeza de Lizabeta.

"Norteamérica es grandiosa y su ciencia también. Ustedes deben enviar más de esa medicina pues casi se nos ha terminado.

"De nuevo, gracias. Los amamos y oramos porque nos volvamos a ver una vez más."

La familia leía y releía la carta del tío Lazlo. ¿Qué medicina enviamos? Se rompían el cerebro para recordar, pero, avergonzados, tenían que admitir que habían omitido enviar medicamentos. ¿De qué hablaba el tío Lazlo? ¿Incluimos por accidente algún medicamento? Si fue así, ¿cuál sería? Después de todo, necesitaban enviar más de inmediato. No había forma de resolver el misterio. Se envió una carta al tío Lazlo para pedirle que proporcionara el nombre de la medicina que requerían con tanta urgencia. Llevaron el sobre a la oficina de correos y pidieron consejo al empleado respecto a cómo enviar la carta por la ruta más rápida posible. En aquella época no había nada más rápido que el correo aéreo regular, ya que los servicios de entrega inmediata hasta entonces eran sólo un sueño. El empleado sugirió incluir un cupón de respuesta postal internacional con el porte de regreso pagado y eso era todo.

La familia esperó de nuevo, aliviada puesto que los paquetes habían sido de ayuda, pero desconcertada por el "misterio de las medicinas desconocidas". Pasaron dos meses y entonces llegó otra carta.

"Mis queridos primos", comenzaba el tío Lazlo, " nos es grato haber vuelto a tener noticias suyas. Después de los primeros tres paquetes, llegaron otros dos y luego la carta. De nuevo enviaron esa maravillosa medicina. No trae instrucciones de uso pero nosotros calculamos la dosis. No nos es fácil traducir del inglés al húngaro, ya que sólo el joven Sandor lo estudia en la escuela. Por suerte pudo traducir el nombre de la medicina, es 'Salvavidas'. Por favor envíen más, tan pronto como puedan. Con amor, Lazlo."

Algunas de las cajas se habían rellenado con paquetes de esos famosos caramelos llamados Salvavidas. Una traducción literal había transformado la golosina favorita de Estados Unidos en una fuente de gran esperanza.

Hanoch McCarty

Vuelo con bebés

Yo nunca antes había tenido entre mis brazos a un niño deforme, es más, ni siquiera había visto uno. De pronto me encontré transportando a tres pequeños huérfanos a la casa de sus padres adoptivos en la víspera de la Navidad.

Yo enseñaba inglés en Corea. Los estudiantes se habían amotinado y habían logrado cerrar la universidad en la que yo daba clases. Disgustado, preferí regresar a casa. Un amigo me informó del "vuelo con bebés", un programa en el que uno podía viajar de Corea a Estados Unidos a un precio muy bajo. Pero con una condición. El viajante tenía que transportar a *tres* huérfanos. La alternativa era pagar el pasaje completo.

Entonces me encontré abordando un avión con tres infantes, de tres, siete y dieciocho meses de edad. Llegaron agripados, con las narices moquientas y los pañales mojados. Cuando despegó el avión, los pequeños aullaron. El avión vibró con violencia y los bebés se tranquilizaron. Segundos después, el avión dejó de vibrar y, al unísono, los bebés aullaron. Los pasajeros estallaron en carcajadas.

Sólo una cosa me perturbó. Uno de los bebés era una enana deforme. Me impactó la desproporción entre su enorme cabeza y sus brazos y dedos diminutos. Me pregunté si sus nuevos padres sabrían lo que iba en camino. Pero el que tenía en mi regazo estaba húmedo y la fórmula de leche había disminuido. Con rapidez aprendí a limpiar un trasero húmedo, poner pañales limpios e introducir un chupón en una boca abierta.

Dos soldados estadounidenses me preguntaron si cada uno de ellos podía cargar a un bebé.

—No hay problema —respondí, y ambos se retiraron con sus bebés.

Yo me quedé ahí sentado con la bebé de la enorme cabeza. Ella parpadeó con sus largas y hermosas pestañas y sonrió. Es curioso cómo algo así puede hacer que uno cambie. Desde ese momento ella irradió belleza y no volvió a dejar mis brazos. Antes de aterrizar en Tokio los soldados me regresaron a los bebés. Sin desatender a *mi* bebé, cambié, uno por uno, los pañales de los dos bebés que los soldados me acababan de entregar. Al quitarles la ropa, cayeron al suelo unos billetes de un dólar. Miré a los soldados que salían. Uno de ellos declaró:

—Esos pequeños pillos van a necesitar todo el efectivo que les llegue. ¡Feliz Navidad!

Para entonces ya se había generado un fuerte lazo entre mi bebé y yo. Incluso la llamé Tina. Cuanto más pensaba en entregarla a alguien, más me preocupaban sus futuros padres.

Mientras aguardaba en la sala de espera observé a una mujer asiática joven y atractiva que iba y venía cerca de mí. Nos miró a los bebés y a mí y se fue. De pronto se dio la media vuelta y me encaró.

—¿Son huérfanos?

—Sí —respondí.

—Hace veinticuatro años yo fui uno de ellos. ¿Puedo llevar a uno?

La hermosa mujer tomó al más ruidoso del grupo, lo llevó al avión para el siguiente tramo de nuestro trayecto y se ocupó de él durante el resto del vuelo. De cuando en cuando, cada vez que podía, se aparecía y me daba una mano alimentando o cambiando a los otros. Después de dos escalas más y un total de veintisiete horas, el avión aterrizó. Los nuevos padres de dos de los bebés entraron corriendo y salieron volando con ellos. Yo seguía con Tina, a la que parecía que nadie vendría a buscar a bordo. Preocupado de que nadie la quisiera, salí del avión con paso cansado. Fue entonces cuando los vi y me detuve, incapaz de moverme. Las pequeñas manos de una pareja de enanos se elevaron hacia mí.

Al entregarles a Tina, ella me dijo "oma", que significa mamá en coreano. En ese momento, me senté y lloré.

Miré a la pequeña familia embelesada salir a una nueva vida y pensé: "¡Qué perfecto!"

Pero al año siguiente pagué el pasaje completo. El vuelo con bebés era demasiado costoso.

Paul Karrer

Cómo saber cuando se es rico

Lo que acostumbramos pensar, consciente y firmemente, que somos, eso tendemos a ser.

Ann Landers

Cuando era niño en Minnesota la sandía era un lujo. Uno de los amigos de papá, Bernie, era un próspero mayorista de frutas y verduras que tenía un depósito en St. Paul. Todos los veranos, cuando llegaban las primeras sandías, Bernie telefoneaba. Papá y yo íbamos al depósito y tomábamos nuestros puestos. Nos sentábamos en el borde del embarcadero con los pies colgando e inclinados hacia adelante para minimizar el volumen de jugo que estábamos a punto de derramarnos.

Bernie tomaba su machete, partía nuestra primera sandía, nos pasaba a ambos un buen trozo y se sentaba a nuestro lado. Entonces papá y yo enterrábamos la cara en la sandía. Sólo nos comíamos el corazón, la parte más perfecta, más roja, jugosa, firme y sin semillas, y desechábamos el resto.

Bernie era el modelo de lo que mi padre consideraba un hombre rico. Yo siempre pensé que era porque Bernie había logrado éxito como hombre de negocios. Pero años más tarde comprendí que lo que mi padre admiraba de la riqueza de Bernie no era su cuantiosidad sino la manera de utilizarla. Bernie sabía cómo dejar de trabajar, reunirse con los amigos y comer sólo el corazón de la sandía.

Lo que yo aprendí de Bernie es que la riqueza es un estado mental. Algunos, sin importar cuánto dinero tienen, nunca serán tan libres como para comer sólo el corazón de la sandía. Otros son ricos sin haber tenido nunca más que un cheque de nómina.

Si uno no tiene tiempo para colgar los pies desde un embarcadero y disfrutar los pequeños placeres de la vida, tal vez el trabajo esté venciendo a su vida.

Durante muchos años olvidé esa lección aprendida de niño en el embarcadero. Estaba demasiado ocupado haciendo todo el dinero que podía.

Pero la he vuelto a aprender. Espero que me quede tiempo para disfrutar los logros de otros y de complacerme con mi día. Ese es el corazón de la sandía. De nuevo he aprendido a desechar el resto.

Por fin soy rico.

Harvey Mackay

Chuck

La tierra está atiborrada de cielo.

Elizabeth Barrett Browning

Odio comprar los víveres. Lo hago como si corriera un maratón por los corredores, y me siento orgullosa de recurrir al mismo personal experimentado de las cajas de salida para asegurarme una rápida retirada de toda esa locura que se desencadena durante la temporada decembrina. No me interpreten mal; soy una adicta a la Navidad. Simplemente odio comprar los víveres.

Imagínense mi consternación cuando me coloqué en una de las "filas equivocadas", detrás de varios carritos llenos hasta desbordarse. Mi mal genio aumentó cuando vi que todas las demás filas fluían y la nuestra estaba paralizada. Ecos de "¿cuál es el problema?", "¿por qué estamos tolerando esto?" surgían de nuestra fila.

Después de una inspección más profunda descubrí que lo que ocasionaba tal retraso era Chuck, el empacador. Le hablaba a todos y cada uno de los artículos conforme los guardaba con calma en las bolsas.

—Oh, señora harina para pastel, usted se va a transformar en una delicia navideña para alguien muy especial. Hola, señor cereal, usted va a hacer que los niños y niñas crezcan sanos y bonitos...

Una vez que los artículos estaban guardados y listos para irse, Chuk miraba al cliente y manifestaba:

—Sé que su familia lo ama porque se ocupa muy bien de ella. ¡Feliz Navidad!

¡De modo que guardé silencio y esperé mi turno!

Chuck me ayudó a llevar las bolsas al auto y le di dos dólares de propina. Miró los billetes y luego a mí. Entonces el rostro se le iluminó y comenzó a saltar y a gritar a todo lo que daban sus pulmones mientras bailoteaba de regreso a la tienda.

—¡Mírenme, mírenme! ¡Alguien piensa que valgo dos dólares completos!

La siguiente ocasión que fui a la tienda una de las empleadas me comentó que ella había sido testigo de aquel peculiar suceso.

—Gracias por haberle dado a Chuck una propina —declaró—. Nosotros sabemos que es valioso, pero para él es mucho más importante conocer su valía.

—No —respondí—, yo tengo que agradecerle a él recordarme el verdadero espíritu navideño y enseñarme esta invaluable lección.

Petey Parker

Invocando a una joven llamada Becky

—¿Lo puedo ayudar en algo? —me preguntó el hombre que estaba detrás del mostrador de la tienda de cerámica. Apenas si lo escuché. Me había quedado embelesado ante la hermosa adolescente sentada en el banco junto a él. El cabello rizado color café, las redondas mejillas rosadas y los resplandecientes ojos verdes me fueron remotamente familiares. Hubo una vez en que unos ojos como ésos capturaron el corazón de un niño de primaria.

En el verano de 1973 Becky llegó a trabajar como mesera a la pintoresca posada de piedra de mi familia, en las montañas de Carolina del Norte. Apareció por las puertas giratorias de la cocina una mañana de junio, justo cuando yo me sentaba a desayunar. Fue amor a primera vista.

Becky tenía dieciséis años; yo, once. Ella era bonita, alegre y sociable. Yo era tímido, un poco regordete y, hasta entonces, todavía más inclinado a las ranas y a trepar a los árboles que a las criaturas del sexo más hermoso.

Pero había algo especial en Becky. La forma en la que echaba para atrás la cabeza cada vez que un inoportuno rizo le caía sobre los ojos. El hábito de morderse la uña de uno de sus dedos rosados cuando se perdía en sus pensamientos. La graciosa forma en que se colocaba el lápiz detrás de la oreja después de tomar una orden. Becky no era una muchacha común.

—¿Qué es esto? —preguntaba Becky con inocencia, señalando una mancha imaginaria justo abajo de mi manzana de Adán. Yo siempre caía en la trampa, y ella gozosa levantaba el dedo y me golpeaba la barbilla al bajar yo la vista—. De nuevo te engañé —exclamaba sonriendo.

En el verano del 73 Becky me dio el mayor regalo que se le pueda dar a un niño: atención. Jamás estaba demasiado ocupada como para no compartir un secreto, una broma o un suave latigazo juguetón con la toalla húmeda de la cocina. A cambio yo limpiaba las mesas, iba a traer los refrescos, hurtaba algún postre extra para ella y adoraba el suelo que pisaba.

—Creo que es muy lindo —susurró Becky una tarde, con la suficiente fuerza como para que yo lo escuchara—. En especial cuando se sonroja.

—Becky, te amo —me aventuré a decir con valentía una mañana frente al espejo del baño—. Te amaré hasta el fin de los tiempos.

Por desgracia nuestro tiempo se deslizaba como un disco encerado sobre una mesa lisa y no había nada que yo pudiera hacer para impedirlo.

—Robbie, ¿puedo hablar contigo un momento? —me preguntó Becky una tempestuosa tarde de agosto. Mi corazón se aceleró. ¿Qué podría querer? ¿Por fin aceptaría su amor por mí?—. Pronto regresaré a la escuela —anunció—. Ya no estaré mucho tiempo por aquí —tragué con dificultad—. Tú has sido un excelente amigo —murmuró—. Te extrañaré mucho.

Luché por conservar la compostura. Me había esforzado tanto para que ella me viera como un adulto, que no quería derrumbarme. Pero cuando la empecé a ver borrosa y mi barbilla comenzó a temblar, sabía que no había nada qué hacer.

—Te amo —articulé con brusquedad y me solté llorando.

Me miró durante algunos minutos, un poco sorprendida por mi repentina confesión entre sollozos. Entonces tomó mi mano con dulzura.

—Robbie —manifestó con cariño—. Creo que eres muy especial y te quiero mucho como amigo. Pero yo no soy la indicada para ti y creo que en el fondo, tú también lo sabes.

Lentamente, como una máquina de vapor que entra a la estación, mis sollozos fueron llegando a su fin.

Becky me sonrió hasta que me forzó a sonreír también.

—Algún día —me indicó—, vas a encontrar una muchacha tan maravillosa que sabrás que es la indicada para ti. Entonces te olvidarás de mí. Te lo prometo.

—¿Lo puedo ayudar en algo? —el hombre de la cerámica repitió con más firmeza.

—¿Está Becky? —murmuré finalmente.

—¿Es usted amigo de ella? —profirió receloso.

—Algo así —masculló—. Hace unos veinte años ella pasó el verano atendiendo mesas en la posada de mi familia. Anoche, mi padre y yo nos pusimos nostálgicos y su nombre salió a relucir. Me indicó que tal vez la podría encontrar aquí.

Su entrecejo fruncido se suavizó y me extendió la mano.

—Yo soy su esposo, y ella, su hija —la muchacha tomó el teléfono de la pared y comenzó a marcar—. Becky se quedó en casa —explicó el hombre—. No se ha sentido bien.

—Mamá, alguien aquí te conoce —la joven habló con el típico acento montañés—. Dice que tú solías trabajar en la posada de su familia —escuchó por un momento y después, sin decir palabra, me pasó el teléfono.

Lo miré en mi mano como si fuera el primero que veía. Ella me sonrió mostrando sus hoyuelos en las mejillas como queriendo decir "adelante."

—Hola, Becky —balbuceé un poco fuerte. En el otro extremo de la línea había un silencio total. Cinco segundos. Diez.

—Robbie, ¿eres tú? —la voz que conocía. Era más profunda, más adulta, pero inolvidable.

—Soy yo —le aseguré.

—¿Cómo has estado? —preguntó con una sonrisa en la voz.

—Bien, Becky. Y ¿qué hay de ti?

Hicimos reminiscencias; una pequeña plática entre amigos de antaño, tratando de condensar veinte años en una conversación telefónica de cinco minutos.

—Tengo tan buenos recuerdos de aquel verano —externó Becky finalmente—. Estoy tan conmovida de que te hayas acordado de mí. Me hubiera gustado estar allí para verte porque fuiste realmente importante.

—Pero, Becky —proferí sonriéndole a la muchacha del otro lado del mostrador—. Te estoy mirando en este preciso instante.

—¡Oye!, no te vayas a enamorar ahora de mi hija —dijo en son de broma.

Mis mejillas se tornaron color rojo brillante. Volví a tener once años.

Robert Tate Miller

Cuando usted mira hacia allá abajo

Allá arriba usted pasa cada hora y media; una y otra vez, y despierta por la mañana sobre el Oriente Medio y sobre el norte de África. Usted mira por la ventana mientras desayuna; ahí está toda el área del Mediterráneo, Grecia, Roma, el Sinaí e Israel. Usted comprende que lo que está viendo de golpe es la historia completa del hombre durante siglos; la cuna de la civilización.

Usted atraviesa el océano Atlántico, de nuevo sobre el norte de África. Lo repite una y otra vez. Se identifica con Houston y después con Los Ángeles, Phoenix y Nueva Orleans. Lo siguiente que sabe es que se empieza a identificar con el norte de África. Usted lo espera, lo ansía, lo anticipa. Y todo el proceso relacionado con aquello con lo que usted se identifica da comienzo.

Cuando lo recorre cada hora y media, usted comienza a comprender que su identidad está en todo eso. Y ello produce un enorme cambio dentro de usted...

Cuando mira hacia allá abajo no se puede imaginar la cantidad de fronteras y límites que atraviesa, una y otra vez, y ni siquiera los puede ver. Pero sabe que en la escena "real" que observó sobre el Medio Oriente, hay miles de personas luchando por una línea imaginaria. A usted le gustaría tomarlos de las manos y decirles: "¡Miren eso! ¡Miren eso! ¿Qué importa?"

Después, la persona que está sentada junto a usted va a la Luna. Y mira la Tierra, no como algo grande con todo tipo de detalles hermosos, sino como algo pequeño allá, a lo lejos.

El contraste entre ese pequeño ornamento de árbol de Navidad azul y blanco y ese cielo negro realmente cumple su objetivo... y usted comprende que en ese pequeño punto azul y blanco está todo lo que para usted tiene algún significado: la historia, la música, la guerra, la muerte, el nacimiento, el amor, las lágrimas, la felicidad, todo en ese pequeño punto azul y blanco que puede cubrir con el pulgar.

Le queda tan claro que se vuelve un sensible representante del hombre. Mira hacia abajo y ve la superficie del globo en el que ha vivido todo este tiempo, y sabe que toda esa gente allá abajo... es usted. De algún modo, usted los representa y tiene una responsabilidad para con ellos. De algún modo comprende que es una pieza de esta vida completa. Usted está allá fuera en primer plano y de algún modo tiene que llevar su experiencia de regreso. Resulta una responsabilidad en extremo especial y le habla sobre su relación con esa cosa que llamamos mundo.

A lo largo de estas líneas he usado la palabra "usted" porque no soy yo, Rusty Schweickart... ni alguno de los otros que han pasado por esta experiencia. No es sólo mi problema, mi reto, mi alegría, integrarme en la vida diaria. Es de todos.

Rusty Schweickart

7

CÓMO VENCER LOS OBSTÁCULOS

No temo a las tempestades, porque estoy aprendiendo a dirigir mi nave.

Louisa May Alcott

La historia de Margaret y Ruth

Cada uno de nosotros es un ángel con una sola ala. Y sólo podemos volar si nos abrazamos unos a otros.

Luciano De Crescenzo

En la primavera de 1983 Margaret Patrick llegó al Centro Sudeste de la Senectud para una Vida Independiente a iniciar su terapia física. Cuando Millie McHugh, una antigua miembro del personal, presentó a Margaret con la gente del centro, advirtió la mirada de dolor en sus ojos cuando vio el piano.

—¿Sucede algo? —preguntó Millie.

—No —respondió Margaret suavemente—. Sólo que ver un piano me trae recuerdos. Antes del ataque de parálisis la música era todo para mí —Millie miró la inútil mano derecha de Margaret mientras la mujer de color platicaba con tranquilidad algunos de los momentos más importantes de su carrera musical.

—Espere aquí —exclamó Millie de pronto—. Regreso en un instante.

Volvió un poco más tarde, seguida por una mujer pequeña de cabello blanco y lentes gruesos. La mujer usaba una andadera.

—Margaret Patrick —profirió Millie—, le presento a Ruth Eisenberg —entonces sonrió—. Ella también tocaba el piano pero, al igual que usted, no ha podido tocar desde su ataque de parálisis. La señora Eisenberg tiene la mano derecha en buenas condiciones y usted tiene la mano izquierda saludable.

Tengo la sensación de que juntas pueden lograr algo maravilloso.

—¿Conoce el vals de Chopin en re bemol? —preguntó Ruth. Margaret asintió.

Las dos mujeres se sentaron lado a lado en el banco del piano. Dos manos saludables, una con largos y elegantes dedos negros y la otra con dedos cortos, rechonchos y blancos, se movieron rítmicamente sobre las teclas color ébano y marfil. Desde ese día ellas se han sentado ante el teclado cientos de veces. La mano derecha e inútil de Margaret descansa sobre la espalda de Ruth y la mano izquierda e inútil de Ruth, sobre la rodilla de Margaret, mientras la mano sana de Ruth toca la melodía y la mano sana de Margaret el acompañamiento.

Su música ha complacido a audiencias en televisión, iglesias y escuelas, y en centros de la tercera edad y de rehabilitación. Pero estas dos mujeres han compartido en el banco del piano más que la música. Porque fue ahí, comenzando con Chopin, Bach y Beethoven, donde se dieron cuenta de que tenían más en común de lo que imaginaron: las dos eran bisabuelas y viudas (el esposo de Margaret murió en 1985), ambas habían perdido hijos, ambas tenían mucho que dar, pero ninguna podía hacerlo sin la otra.

Al compartir ese banco de piano, Ruth escuchó a Margaret decir:

—Perdí mi música, pero Dios me dio a Ruth.

Evidentemente algo de la fe de Margaret se le pegó a Ruth al sentarse a su lado durante estos últimos cinco años, porque ahora Ruth dice:

—Fue el milagro de Dios lo que nos unió.

Esta es nuestra historia de Margaret y Ruth, quienes ahora se llaman a sí mismas Ébano y Marfil.

Margaret Patrick

Un ángel trabajando

Le doy gracias a Dios por mis impedimentos, porque a través de ellos me he encontrado a mí misma, a mi trabajo y a mi Dios.

Helen Keller

Un sobre dirigido a mí, escrito a máquina con caracteres de inusual hermosura, atrapó mi vista cuando me encontraba ordenando la correspondencia del día amontonada en mi escritorio. Algo de esa carta demandó mi atención, por lo que fue la primera que abrí.

Los mismos caracteres hermosos, escritos a máquina en un efímero color café claro, se extendían con precisión equilibrada a lo largo de toda la hoja de un papel costoso. La carta completa era un modelo de perfección para tratarse de correspondencia personal. Me invitaba a leerla:

> *Estimado Dr. Curtis:*
>
> *Las pláticas que dio en los servicios dominicales de la Iglesia de la Ciencia Mental en el teatro Fox Wilshire el mes pasado me hicieron estremecer. Me dieron tanto, que considero que sus lecciones deberían ser publicadas para que pudieran inspirar a otros como lo hicieron conmigo.*
>
> *Aquí le presento una sugerencia. Si usted me hace llegar cada semana una cinta con su plática dominical grabada, yo la transcribiré y le regresaré la cinta junto con la transcripción mecanografiada.*

Ruego a Dios que usted me permita ser útil de esta manera. Quiero ayudar a que otros compartan el enorme bien que usted me ha proporcionado. Sólo pídale a su secretaria que me llame y alguien pasará a recoger la cinta todos los lunes por la mañana. Dios lo está bendiciendo a usted y a su maravilloso trabajo.

Sinceramente,
Mary Louise Zollars

La firma estaba mecanografiada con los mismos caracteres desacostumbrados. No había nada escrito a mano.

Al terminar la carta experimenté el júbilo con el que siempre va acompañada la respuesta a una plegaria. Durante meses había estado buscando a alguien que transcribiera mis sermones dominicales, pero no había quién transcribiera directamente de la cinta que yo grababa con mi complicada grabadora. Todavía no se inventaba un mecanismo de encendido y pausa, y manejar la grabadora a mano y mecanografiar al mismo tiempo era demasiado. Para entonces ya me sentía frustrado, porque las grabaciones se me iban acumulando y no tenía transcripciones sobre las cuales basarme para hacer un libro.

Ahora, de la nada, llegaba esta carta de Mary Louise Zollars. Me apresuré a llamar al número anotado en la carta y pedí hablar con ella.

—Me dará mucho gusto transmitirle su mensaje —contestó una amistosa voz femenina.

—¿Puedo hablar con ella personalmente? —pregunté.

—Por el momento ella no puede venir al teléfono —respondió la voz—. Por favor, déme su mensaje.

—Gracias —manifesté—, sólo dígale que Donald Curtis llamó en respuesta a su maravillosa carta.

—A ella le dará mucho gusto que usted haya llamado —fue la respuesta—. ¿Podría indicarme cuándo puede pasar alguien a recoger la cinta de su plática del domingo?

—Me encantaría entregarla personalmente —insistí. Estaba ansioso por tener contacto personal con aquel ángel que se me había enviado.

—Eso no es necesario. Por favor tenga la cinta lista en su oficina mañana al mediodía y alguien la recogerá. Ah, por cierto, la señorita Zollars tiene su propia grabadora para reproducir la cinta y transcribirla. Usted recibirá la cinta y la transcripción antes del fin de semana.

—Muchas gracias —respondí—. La cinta estará en mi oficina mañana como me lo solicita.

Yo estaba desconcertado por el aparente misterio del arreglo, pero lo acepté con gusto dada la gran fortuna que me había llegado.

Dos días después llegaron a mi oficina la primera cinta y las páginas de la transcripción. Estaban mecanografiadas con los mismos caracteres inusuales y en tinta color café claro; cada página era perfecta. Los espacios eran uniformes, los márgenes estaban justificados y por ningún lado se advertía un error tipográfico. Me sentí extasiado al leer el manuscrito. Era exactamente lo que yo necesitaba para el primer bosquejo de mi libro. De inmediato llamé a la señorita Zollars para darle las gracias. La misma voz amigable respondió al teléfono.

—Hola —declaré—. Habla Donald Curtis. ¿Podría hablar con la señorita Zollars? Le quiero agradecer la hermosa transcripción.

—¡Ah!, hola, doctor Curtis —fue la respuesta—. Transmitiré a la señorita Zollars su mensaje. Le dará mucho gusto que usted haya llamado. Recuerde tener la cinta de su próxima plática dominical en su oficina el lunes por la mañana. Nosotros la recogeremos igual que antes.

Este mismo procedimiento se repitió durante cerca de un año. El flujo de transcripciones en una mecanografía perfecta siguió llegando semana tras semana, y yo pude entresacar suficiente "material" de calidad para terminar mi primer libro. Pero yo seguía sin tener contacto personal con mi ángel transcriptor. Ella no respondía mis llamadas telefónicas, pero contestaba mis cartas de agradecimiento con sus cartas cálidas, perfectas, en su estilo único. Una tarde me llegó una llamada personal y una voz familiar me saludó.

—Doctor Curtis, lo llamo de parte de la señorita Zollars, quien desea invitarlo a tomar té esta tarde a las cinco. ¿Podría venir?

Acepté y en punto de las cinco de la tarde me presenté en la dirección indicada. Me recibió una atenta y venerable dama cuya voz reconocí de inmediato.

—Buenas tardes, doctor Curtis. ¡Qué bueno que vino! La señorita Zollars lo espera en la sala de estar.

Me condujo hasta una agradable y cálida habitación donde una mujer joven se encontraba sentada en una silla de ruedas, con la cabeza inclinada hacia un lado, una mueca en el rostro, y el cuerpo sacudiéndose con movimientos bruscos mientras apretaba las manos con fuerza entre las rodillas. Su rostro se encendió al tratar de sonreír y hablar. Era una experiencia dolorosa, pero Mary Louise irradiaba alegría y luz.

Una al lado de la otra, sobre una plataforma elevada, frente a su silla de ruedas, estaban una grabadora grande y una antigua máquina de escribir manual. Después de saludarnos, Mary Louise encendió la grabadora con los dedos de un pie, la dejó funcionar por un momento y luego mecanografió el pasaje con los dedos de ambos pies. Después repitió el proceso. Relucía de orgullo cada vez que completaba dicho proceso con los pies, mientras detenía con fuerza las manos entre las rodillas para evitar que sus brazos se sacudieran.

Mary Louise nació víctima de parálisis espasmódica, pero un indomable sentido del humor y el trabajo experto de sus pies le habían permitido superar su incapacidad. Su compañera, amiga y enfermera, era la amistosa dama a quien conocí por teléfono. Las dos eran inseparables y trabajaban juntas; su vida era plena y satisfactoria.

Mary Louise siguió transcribiendo mis cintas durante varios años y jamás pidió una recompensa además de lo que ella llamaba la alegría de hacerlo. En las miles de hojas de transcripciones que Mary Louise mecanografió con los dedos de los pies, jamás encontré un error.

Esta notable dama ha sido una de mis mejores amigas durante muchos años, y tiene el alma más hermosa que yo haya conocido. Sigue llevando una vida plena dedicada al servicio, y parece que no le preocupa el hecho de tener que realizar cualquier contacto externo mediante los pies, pues lo refuerza con un entusiasta sentido del humor que bulle desde su interior.

Mi vida fue enriquecida y bendecida por este ángel que vive para ayudar a los otros.

Donald Curtis

Considere ésto

Uno nunca pierde realmenfe sine hasfa que deja de intentar.

Mike Ditka
Entrenador de futbol de la NU

Considere ésto:

* Casi nadie tiene idea de toda la práctica, disciplina y esfuerzo que se requiere para llegar a ser una super-estrella. Por ejemplo, el ex senador de Estados Unidos y antigua estrella de basquetbol de los Knicks de Nueva York, Bill Bradley, practicaba de manera implacable. Tenía cinco sitios sobre la cancha de basquetbol desde los cuales lanzaba veinticinco tiros. Si no encestaba veintidós de los veinticinco tiros, comenzaba de nuevo. Estaba determinado a permanecer ahí y hacerlo una y otra vez hasta poder efectuarlo bien casi siempre.

* La novelista Carson McCullers sufrió tres ataques apopléjicos entes de cumplir los veintinueve años. Estando inválida, con parálisis parcial y un dolor perma-nente, sufrió el tremendo golpe del suicidio de su esposo. Otros pudieron haberse dado por vencid os ante tales aflicciones, pero ella se dedicó a escribir no menos de una página al día. Con este riguroso horario produjo muchas novelas de prestigio, entre las que se incluyen *Member of the Wedding, The Ballad of the Sad Café* y *The Heart Is a Lonely Hunter.*

- Cuando Herschel Walker, corredor de pelota de la NFL, estaba en secundaria, quiso jugar futbol, pero el entrenador le dijo que tenía muy poca estatura y le aconsejó que se dedicara al atletismo. Sin dejarse intimidar por la falta de estímulo y apoyo, ignoró el consejo del entrenador y comenzó un intensivo programa de entrenamiento para mejorar su desarrollo. Sólo algunos años más tarde Herschel Walker ganó el trofeo Heisman.

- Tener una incapacidad de aprendizaje no tiene por qué frenarlo a uno. Considere a las siguientes personas que no permitieron que sus incapacidades para aprender los detuvieran para perseguir y lograr sus sueños:

    John Lennon, cantante, músico y compositor de canciones.

    General George Patton, general estadounidense y jefe de tanque.

    Bill Wilson, fundador de Alcohólicos Anónimos.

    Woodrow Wilson, 27o. presidente de Estados Unidos.

    Harry Belafonte, cantante, actor, productor, activista de los derechos civiles.

    George Burns, actor, cómico.

    Cher, cantante, actriz.

    Agatha Christie, novelista británica.

    Winston Churchill, primer ministro de Gran Bretaña.

    Tom Cruise, actor.

    Leonardo da Vinci, artista y científico.

    Albert Einstein, científico.

    Whoopi Goldberg, actriz y comediante.

- Tampoco las incapacidades físicas tienen por qué detenerlo a uno. Considere a estas personas que se propusieron algo, y los tremendos niveles de éxito que alcanzaron:

    John Milton, el famoso poeta y autor, era ciego.

    Itzhak Perlman, violinista de fama internacional, está paralizado de la cintura hacia abajo.

    James Thurber, caricaturista y humorista, tenía una vista deficiente.

Heather Whitestone, Miss América 1994, es sorda.
Jim Eisenrich, jugador profesional de beisbol, padece síndrome de Tourette.
Rafer Johnson, campeón de decatlón, nació con un pie deforme.
Stephen Hawking, físico teórico, catedrático de la Universidad de Cambridge y autor de éxito de *A Brief History of Time*, padece el mal de Lou Gehrig.
James Earl Jones, actor de renombre universal, tartamudeó de los seis a los catorce años.

* Tom Dempsy nació sin dedos en el pie derecho. Aunque algunos podrían considerar esto una incapacidad, nació en una familia que lo trató como alguien fuerte, sano y bastante capaz. Gracias a que él centró su visión en lo que era capaz de hacer y no en sus limitaciones, con el tiempo llegó a ser pateador de la NFL. Cuando jugó con los Santos de Nueva Orleans pateó uno de los goles de campo más largos en la historia de la NFL: ¡63 yardas! Consiguió esta hazaña con un pie pateador de la mitad del tamaño del otro.

Si hiciéramos todas las cosas que somos capaces de realizar nos sorprenderíamos a nosotros mismos.

Thomas Edison

* A la maratonista Joan Benoit se le practicó una cirugía en la rodilla sólo diecisiete días antes de las pruebas olímpicas de Estados Unidos, pero su determinación le permitió no sólo ser parte del equipo, sino ganar la primera medalla de oro olímpica en esta disciplina.
* King Camp Gillette soñó en un disparatado invento que provocó la risa de inversionistas, ingenieros metalúrgicos y expertos del Instituto Tecnológico de Massachusetts. Ninguno de ellos creía posible hacer una máquina de afeitar lo suficientemente afilada como para proporcionar una buena afeitada, pero que fuera tan barata que se pudiera

desechar cuando perdiera el filo. Gillette trabajó cuatro años para producir la primera máquina de afeitar desechable y otros seis para colocarla en los anaqueles de las tiendas. Aunque el primer año sólo se vendieron 51 máquinas, el segundo año la cifra se elevó a 90 844, y la arriesgada innovación de Gillette inició el camino para revolucionar la industria de la afeitada.

- Miguel Ángel soportó siete largos años de tirarse de espaldas sobre un andamiaje para terminar los murales de la Capilla Sixtina.

- Eric Mohn ha ganado numerosos premios en concursos artísticos locales, nacionales e, incluso, internacionales con sus acuarelas. El senador John Warner de Virginia y el senador Robert Byrd de Virginia Occidental son dos de las personas que han comprado sus pinturas en años recientes. Lo notorio de Mohn es que está paralizado de los cuatro miembros y pinta con un pincel que sostiene con la boca. Otro hecho notable acerca de sus logros es que Mohn jamás había tomado el arte como entretenimiento o carrera, sino hasta 1997, trece años después del accidente automovilístico que lo dejó paralizado del pecho hacia abajo.

Nadie puede paralizar el espíritu humano. Mientras uno respire, puede soñar.

Mike Brown

- Dennis Walters era un joven y prometedor golfista cuando un inesperado accidente en un carrito de golf paralizó sus dos piernas. Puesto que no tenía la intención de ver el golf desde la barrera, Dennis aprendió a golpear las pelotas de golf sentado. Diseñó un asiento giratorio para su carrito de golf y con el tiempo golpeó la bola a 76 metros.

  Walters llegó a ser instructor de golf y un popular golfista de exhibición.

- Beethoven estaba totalmente sordo cuando compuso su obra maestra, la Novena Sinfonía.
- Tom Sullivan perdió la vista al nacer porque le pusieron en los ojos una solución equivocada. Con el tiempo decidió que podía hacer cualquier deporte, menos beisbol, basquetbol y tenis. En la actualidad juega golf, nada, corre, esquía, monta a caballo y disfruta la vida al máximo.
- David W. Hartman quedó ciego a los ocho años. En la Escuela de Medicina de la Universidad de Temple vio desalentado su sueño de llegar a ser médico porque le informaron que nadie que careciera del sentido de la vista había terminado la carrera de medicina. Con valor afrontó el reto de "leer" libros de medicina consiguiendo que le audiograbaran veinticinco libros de texto completos. A la edad de veintisiete años, David Hartman fue el primer estudiante ciego que completó la carrera de medicina.
- Casi nadie en la compañía 3M creía que las notas adheribles tuvieran futuro, pero Art Fry las siguió distribuyendo hasta que el producto recibió una oportunidad. Aunque el primer intento de mercadeo falló, Art no se rindió. Persistió hasta que su idea resultó un éxito colosal.

En medio de cualquier dificultad yace una oportunidad.

Albert Einstein

- En 1967 la construcción de una nueva carretera dejó al coronel Sanders sin su negocio. Fue a más de mil lugares a tratar de vender su receta de pollo antes de encontrar a un interesado en la receta de once hierbas y especias. Siete años más tarde, a los setenta y cinco años, el coronel Sanders vendió su compañía de pollo frito a un precio para chuparse los dedos: ¡quince millones de dólares!
- Una joven que aspiraba a obtener un puesto permanente en la radiodifusión consiguió más fracasos que éxitos. Ninguna estación de radio de Estados Unidos le quería

dar la oportunidad, porque "una mujer no tiene la capacidad de atraer una audiencia". Tomó camino hacia Puerto Rico y después, a sus propias expensas, voló a República Dominicana para hacer reportajes y vender historias sobre la insurrección en aquel lugar. De regreso en Estados Unidos continuó con valentía su pasión, pero después de dieciocho despidos se preguntó si valía la pena una carrera en la radiodifusión. Finalmente convenció a un ejecutivo para que la contratara, pero él quería que realizara un programa sobre política. Ella estaba familiarizada con el micrófono pero no con la política. Con su ameno estilo para conversar, habló sobre lo que el 4 de julio significaba para ella e invitó al público a que llamara por teléfono e hiciera lo mismo. El programa fue todo un éxito. A los radioescuchas les encantó y la cadena lo comprendió. En la actualidad Sally Jesse Raphael ha ganado dos veces el premio Emmy y es anfitriona de un programa de televisión que llega diariamente a ocho millones de televidentes en Estados Unidos, Canadá y el Reino Unido.

- La cuatro veces ganadora del Premio de la Academia, la actriz Katharine Hepburn, fue despedida de varios de sus primeros papeles en el escenario. Se le criticaba por hablar demasiado rápido, se le consideraba ingobernable y difícil en el trabajo, y se le evaluó como demasiado huesuda, delgada y hombruna para pararse en un escenario. Acompañada de su firme determinación buscó el apoyo de un maestro de arte dramático y voz que la educó a través de diversos papeles escénicos. Con el tiempo una de sus actuaciones atrajo la atención de muchas revistas, lo que le redituó un contrato en el cine.

Jack Canfield, Mark Victor Hansen,
Hanoch McCarty y Meladee McCarty

No lo esperaba

En mi educación el servicio fue una parte tan importante como desayunar e ir a la escuela. No es algo que uno hace en su tiempo libre. Quedaba claro que era el objetivo primordial de la vida. En este contexto uno no está obligado a ganar, está obligado a seguir intentando, a seguir esforzándose lo mejor que se pueda día tras día.

Marian Wright Edelman

En la década de 1970 fui la primera mujer oficial que desempeñó deberes de patrullaje en el Departamento de Policía de Anchorage. Durante los primeros años acudí a cientos de llamadas por violencia doméstica. En una ocasión se me envió a un disturbio en Spenard, un área de la ciudad conocida por la violencia con armas de fuego.

Era pasada la medianoche, el sábado después del día de acción de gracias. Ya no nevaba, pero las calles estaban resbalosas por el hielo resultado de los vientos recientes. Sólo estábamos de guardia cinco oficiales y un sargento.

Al romper filas, a las 11:00 p.m., mi sargento me dijo, en broma, que "tirara el lastre". Yo era conocida porque me quedaba más tiempo que la mayoría de los otros oficiales en las llamadas por violencia doméstica. Había asistido a un entrenamiento de una semana en el Método de Intervención en Casos de Crisis de San José. Nuestro jefe opinaba que dicho método, en el cual se proporciona consejo y asesoría en el lugar de los hechos a las personas en crisis, no era costeable para nuestro departamento. Pero eso no me impidió tratar de proporcionar ayuda a las parejas en conflicto que estaban dispuestas a escuchar. El objetivo de la policía es no regresar al mismo lugar durante el resto del turno.

Yo no sabía lo que encontraría al acercarme a aquella casa a oscuras. Traté de escuchar y no oí discusión alguna. No detecté nada que proviniera del interior de la residencia. Mis pisadas en la nieve crujiente podían delatar mi aproximación. Con precaución me introduje en la casa y vi a una mujer sentada en el piso de la cocina. Cerca de su mano derecha se encontraba un revólver. Lloraba en silencio; estaba en esa etapa del llanto en la que no hay lágrimas, pero sí suspiros.

—¿Qué quiere? —fueron sus primeras palabras—. ¿No me puedo morir en paz?

Deprisa recogí el arma, la descargué y busqué el apagador de la luz. En la cómoda, a sesenta centímetros de ella, había un cuchillo de cocinero. Registré a la mujer para estar segura de que ya tenía yo todas las armas y la dejé en el piso de la cocina llorando. Tomé el cuchillo y el revólver y fui a inspeccionar el resto de la casa. Estábamos solas.

Regresé a la cocina y, al tratar de ayudarla para que se levantara del suelo, empezó a gritar.

—Usted no tiene derecho a detenerme. ¡Quiero morir!

Me pareció que tenía siete u ocho meses de embarazo.

—¿Y qué hay con la vida de su bebé? —le pregunté.

Ella siguió llorando, hablando de sus problemas. No tenía trabajo ni ingresos, le cortarían la calefacción el lunes y su novio la acababa de golpear una vez más. Tenía el ojo izquierdo inflamado, la ropa rasgada y, al defenderse, había recibido heridas en las manos y los brazos. Fui al refrigerador por un hielo para su ojo; no había comida. Envolví el hielo en una toalla; ella me la arrebató y la colocó en el ojo.

—¡No necesito ningún tipo de ayuda! —me gritó de nuevo.

Platiqué con ella respecto a su bebé. Le pregunté dónde estaban sus parientes. Me habló del novio que la acababa de agredir. Le pregunté si quería presentar cargos en su contra. Su respuesta fue típica.

—Saldrá de la cárcel y me golpeará de nuevo.

Renuente, me dio información sobre el sospechoso, pero se rehusó a ir a un hospital o a un médico.

Pasaron quince minutos. Me llegó un mensaje en el que se me preguntaba cuánto tardaría en atender la siguiente llamada. Las llamadas se estaban acumulando.

Le pregunté a quién podría telefonear de su parte. No quería dejarla sola, pues sabía que podría encontrar otra arma. Llamé a una de sus amigas y a un sacerdote que yo conocía y participaba en el programa.

Mientras esperábamos a que llegaran, le di papel y pluma y le pedí que anotara los números que le daría. Cuando su amiga llegó, la mujer ya tenía una lista de consejeros contra la violencia doméstica y el número del servicio social para registrarse y recibir ayuda financiera para el bebé. Hablamos sobre personas que yo conocía que estarían dispuestas a contratar a una mujer embarazada. Anotó los nombres y los números telefónicos. El bebé no nacería sino hasta después de Navidad, por lo que le indiqué que podría solicitar un trabajo temporal. En lo que mostró más interés fue en trabajar en el Consejo de Artes de Anchorage, en la creación de escenografías. Al menos en ese momento pensaba en el futuro y no en matarse.

El sacerdote llegó mientras la amiga preparaba café. Les pedí que llevaran a la mujer a un hospital y me llevé en custodia el arma y el cuchillo. Me retiré. Habían pasado cincuenta minutos desde mi llegada.

Al final del turno el sargento quiso saber por qué me había tardado tanto en aquella llamada de violencia doméstica de Spenard. Los otros oficiales escuchaban, pensando que me reprendería de nuevo.

—Le ahorré al departamento cientos de dólares en horas extra —respondí casi en broma—. *No* hubo necesidad de hacer entrar en acción al equipo de homicidio y nosotros *no* necesitamos regresar.

—Está bien, por esta vez —replicó y me guiñó el ojo.

Pronto olvidamos ese caso de violencia doméstica que fue opacado por una multitud de otras llamadas que llegaban día con día, muy similares unas a otras.

Y llegó el día del festival de Fur "Rondy". En febrero de cada año, durante once días, Anchorage se transforma en una concurrida ciudad turística. Gente de todas partes viene a ver las carreras de trineos jalados por perros, a probar sus habilidades y a beber en abundancia. Para el público es la fiesta de Alaska de mediados del invierno; pero para los oficiales de policía significa largas horas de trabajo y tiempo extra, les guste o no. Muchos de los oficiales sólo ven los eventos de la Fur Rondy mientras llevan a cabo sus deberes policiacos.

En nuestro hogar a mis hijos mayores les gustaba asistir al melodrama de la Rondy. Un domingo asistimos a la representación vespertina.

En el intermedio mi hija Sheila y yo fuimos al baño. Mientras esperábamos en la fila, una dama salió de una de las cabinas, me vio y exclamó:

—¡Oh, Anne! —se me acercó y me abrazó.

Aquello me tomó de sorpresa porque yo no la reconocí.

Me dio su nombre y me platicó que era directora de iluminación del melodrama. Entonces la reconocí y le pregunté si había vivido alguna vez en Spenard Road. Sonrió y afirmó con la cabeza. Charlamos como si fuéramos viejas amigas. El bebé resultó ser una niña y ella no había vuelto a ver a su agresor desde aquella noche. Ahora tenía trabajo permanente y me comentó sus planes para el futuro.

Se la presenté a Sheila, quien entonces tenía once años.

—¿Por qué conoce usted a mamá? —le preguntó Sheila.

—Tu mamá me salvó la vida —respondió ella. Este comentario hizo que todas las mujeres que estaban en el tocador prestaran atención—. Si ella no hubiera llegado en el momento oportuno, yo no estaría viva ahora.

Platicamos hasta que ella tuvo que regresar al tablero de las luces.

Cuando regresamos a nuestros asientos, Sheila relató a sus hermanos lo de la mujer en el tocador. Justo cuando comenzó la función, Sheila se giró para decirme algo y se alarmó al ver que corrían lágrimas por mis mejillas.

—Mamá, ¿qué sucede?

—Nunca antes me habían dado las gracias —le respondí apaciblemente.

Detective Anne Newell

Recuerdos dispersos

Uno tiene que tener fe en que hay una razón por la que le suceden ciertas cosas. No es que me guste sufrir, pero de algún modo uno tiene que padecer para adquirir valor y sentir la verdadera felicidad.

Carol Burnett

Y ahora llegan las lágrimas, dos y media décadas después sufro por todo lo que perdimos en Vietnam: nuestros amigos, nuestros parientes, nuestra inocencia.

No soy una heroína. Me uní al Cuerpo de Enfermeras del Ejército para ir a Europa; por lo menos eso fue lo que mi reclutador me prometió. A los veintiún años de edad se me envió a Vietnam. Me quedé 364 días. Cuidé a los enfermos, a los heridos y a los moribundos. Hice todo lo que pude. Sólo ahora lo sé.

Durante casi veinte años jamás hablé respecto a aquella época, a aquel lugar. Enterré mis recuerdos, mi ira y una gran parte de "mí" en lo más profundo, sólo queriendo olvidar, deseando sentir paz.

Sólo con Sue hablaba de ello, porque ella también estuvo ahí. Años más tarde, en las Reservas del Ejército, de nuevo en las fatigas y el combate de entrenamiento en los ejercicios de campo, recurríamos la una a la otra, sin prestarle atención a las circunstancias físicas. Nos platicábamos historias cómicas de la guerra y reíamos. De pronto alguna recordaba algo, lo narraba y ambas llorábamos. Pasaban meses, o tal vez hasta un año, antes de que repitiéramos la escena.

En 1982, en la capital de nuestra nación, se colocó el Monumento a los Veteranos de Vietnam (El Muro). En la televisión y en las revistas vi imágenes del monumento y de los veteranos, los cuales desencadenaron en mí emociones que iban más allá de las lágrimas. Yo, como muchos veteranos, sabía que aquello no había terminado. Sabíamos que teníamos que ir al lugar. No entendíamos por qué, pero así tenía que ser. El Muro nos llamaba a casa.

Necesité cinco años para acudir. Sue y yo fuimos juntas. Al principio nos quedábamos a la distancia, entre los árboles. Nos llamaron "veteranas de los árboles". Después, hicimos un día de campo en el césped, detrás de El Muro, desde donde podíamos ver cómo se movían las cabezas de los visitantes mientras su andar los llevaba al fondo de la V de granito negro. Nuestra primera maniobra frontal llegó de noche. Brazo con brazo, nos apoyamos una en la otra, listas para el repliegue, y caminamos a lo largo de aquellos nombres, con las lágrimas ocultas en la noche. Incluso ahí, incluso entonces, apenas si hablamos de la guerra, ni siquiera entre nosotras. Jamás usamos o dijimos algo que nos identificara como veteranas de Vietnam.

En 1992 se conmemoró el décimo aniversario del Monumento a los Veteranos de Vietnam. Sue no pudo asistir, y yo hice dos cosas por primera vez: participar y portar mi uniforme. Usé mi uniforme habitual con el rango de teniente coronel y todas las insignias, medallas y condecoraciones que narran una historia específica para quienes saben cómo leerla. Nunca podría haber anticipado lo que me sucedió. Esa noche le escribí a Sue:

Te llevé conmigo cuando fui a El Muro. Tuve la fortaleza de estar ahí, pero no sentí que tuviera derecho. Aparenté tener valor. Sin vestigios de fatigas debilitantes o gorras descoloridas por el sol. Me sentía por arriba de la multitud, orgullosa (por fin) en mi Clase A. Mi pecho, lleno de listones, decía con claridad y en voz alta: "Yo también soy veterana. Yo fui enfermera. Merezco que me honren. Acérquenseme. Por favor, ayúdenme a sanar".

Y vinieron. Estuvieron ahí por ti, Sue. ¡Oh, cómo me habría gustado que estuvieras ahí! ¡Te habrías conmovido tanto!; eras tú la que merecía lo que yo recibí. Dios mío, fue tan bello llorar las lágrimas que retuvimos por tanto tiempo, que ocultamos con nuestras risas y que dejamos que los años enterraran tan hondo. Vinieron los cuarenta y tantos veteranos aparentando más edad de la que tienen. Algunos con los mismos ojos que les vimos entonces, aún con mucho dolor en su interior. Me abrazaron, y casi todos sonreían a través de las lágrimas mientras trataban de hablar. Quieren que sepas que recuerdan que estuviste ahí por ellos y que te lo agradecen. Tú salvaste a algunos y te ocupaste de ellos y de sus amigos. Te aman. Tú fuiste su enfermera.

Lo vi vacilar al extremo de la multitud, pero luego, impulsado por un amigo, el veterano de la Primera Guerra Mundial se me acercó. Con las manos deformes y tullidas se paró frente a mí tan alto como sus ochenta y seis años se lo permitieron y me hizo una salutación. Sonreí mientras mis ojos se llenaban de lágrimas y le regresé la salutación. Lo mortificaba la posibilidad de llorar. Lo abracé mientras su amigo nos tomó una fotografía. Expresó tanto en las sencillas palabras "Muchas gracias".

Fue un extraño déjà vu. ¿Recuerdas cuando los reclutas nos tomaban fotografías? Todavía lo hacen. Y todos esos ojos mirándonos... Cómo aprendimos a verlos de frente y decirles: "Todo está bien, pronto te vas a recuperar".

Ahora ya no me es tan difícil ver El Muro, estar cerca de él, sentir su presencia, sentir su ausencia. Vamos a estar bien. Llegó la hora de sanar, amiga mía... de reconocer que hiciste todo lo que pudiste y más, que fue importante que tocaras esas vidas.

*El año próximo estaremos juntas cuando se consagre
el Monumento a las Mujeres, entonces podremos empezar a perdonarnos por nuestros descuidos y deficiencias
imaginarios y por nuestras flaquezas humanas. Podremos empezar el proceso de curarnos y entrar en paz con
nuestros recuerdos. Te amo, amiga mía.*

En 1993, en el Día de los Veteranos, se consagró en Wash-
ington, D.C. el Monumento a las Mujeres Veteranas de Vietnam. Asistimos miles de mujeres veteranas y nos sentimos
abrumadas. Nosotras dirigimos el desfile: las enfermeras,
seguidas de trabajadoras de la Cruz Roja, animadoras,
mujeres que trabajaban en los suministros, la administración,
la logística y la inteligencia. Las calles estaban llenas de gente
que aplaudía y lloraba. Un veterano estaba sentado sobre la
rama de un árbol y gritaba: "¡gracias! ¡gracias!" Un hombre
en traje de vuelo permaneció en posición de firmes durante
más de dos horas, saludando a las mujeres que pasaban. La
gente nos obsequiaba flores y nos abrazaba. Un recluta que
tenía una fotografía de su enfermera, tomada en julio de 1964,
trataba de encontrarla.

Las mujeres veteranas se encontraron unas a otras. Sabemos, por fin, que no estamos solas, que no estamos paranoicas
ni locas, pero que nos queda mucho por hacer para sanar.
Hablamos unas con otras y encontramos alivio al igual que
dolor en nuestras palabras y en nuestras lágrimas. Ahora,
después de tantos años, finalmente se ha iniciado el proceso
y nos unimos y nos decimos "Bienvenidas a casa".

Teniente coronel Janis A. Nark

Sitiadas por la nieve

Jamás dude de que un pequeño grupo de personas considerada y comprometidas puede cambiar el mundo, de hecho, así ha sido siempre.

Margaret Mead

Si se necesita de todo un pueblo para educar a un niño, entonces, el 17 de enero de 1994 fue el día en el que se necesitó de todo un pueblo para salvar a una niña.

Barbara Schmitt estaba bebiendo café mientras miraba cómo se apilaba la nieve afuera de su ventana. La ciudad de Louisville, Kentucky, estaba paralizada, con montones de nieve hasta de sesenta centímetros de altura; pero a ella y a las dos nietas que ayudaba a criar no les importaba. Pensaban pasar el día en el calor del hogar, jugando y mirando la ventisca. Ashley, de seis años, parloteaba animada. Su hermana de tres años, Michelle, se veía alicaída. Michelle era uno de los cientos de niños estadounidenses que esperaban un hígado nuevo.

Esperar y orar eran una rutina diaria para Barbara Schmitt, pero aquel día las oraciones serían todavía más intensas. Michelle había estado mostrando signos de peligro que volvían apremiante un transplante de hígado. Pero el teléfono estaba tan silencioso como la escena nevada del exterior.

Entonces, a las nueve de la mañana, sonó el teléfono, con las noticias que necesitaba Barbara. Un hospital en Omaha había localizado al donador de hígado idóneo; estaban seguros de que era el hígado apropiado para Michelle, pero la necesitaban ahí antes de doce horas.

Barbara no supo qué hacer primero, si alegrarse o desesperarse. El mayor obsequio que Michelle podía recibir la esperaba, y ellas estaban inmovilizadas por la nieve, a casi mil kilómetros de distancia.

—Estamos sitiadas por la nieve —informó Barbara a la coordinadora médica que estaba en la línea telefónica—. El aeropuerto está a veintisiete kilómetros, los camiones se están quedando varados en los caminos y no hay forma de llegar hasta allá.

—No se dé por vencida —instó la mujer a Barbara—. Usted tiene doce horas para llegar a Omaha, mejor empiece a pensar.

Por fortuna las líneas telefónicas seguían funcionando, así que Barbara se puso a trabajar. Comenzó por llamar a Sharon Stevens, la peinadora que dirige Hair Angels, un fondo para niños con necesidades especiales. Sharon ya había contratado un jet Lear y a dos pilotos para llevar a las Schmitt a Omaha cuando llegara el momento del transplante. La gran interrogante era cómo llegar de la casa de las Schmitt hasta el jet, pero Sharon estaba igual de determinada que Barbara a que las cosas se lograran.

—Comienza a empacar. No sé cómo, pero ustedes lo van a lograr.

A continuación, Sharon pidió ayuda a través de la estación de radio local. La WHAS transmitió mensajes continuos que invitaban a los radioescuchas a llamar con ideas y sugerencias. Teresa Amshoff escuchó la historia y sugirió que el estacionamiento de la iglesia que estaba junto a su casa, a menos de dos kilómetros de distancia de la casa de las Schmitt, sería una pista de aterrizaje perfecta para un helicóptero. Conforme pasaban minutos valiosos, los Amshoff corrieron de puerta en puerta pidiendo ayuda para limpiar el estacionamiento. Los vecinos, ya agotados de limpiar la nieve de sus propios caminos, acudieron sin vacilar. En cosa de media hora, cincuenta voluntarios estaban trabajando para limpiar el área, con una temperatura de varios grados bajo cero.

Alguien llamó a Kim Phelps de Skycare, un servicio de aerotransporte, y él ofreció despachar un helicóptero para llevar a Michelle al aeropuerto. Se confirmó que el terreno de la iglesia era una pista de despegue funcional, y Kim se ocupó en organizar el traslado del equipo médico a la iglesia.

Entretanto Barbara llamó al piloto del jet Lear, Jason Smith, para asegurarse de que podría llegar al aeropuerto. Como todos los demás, él y su copiloto estaban paralizados por la nieve, pero prometió que estarían ahí. Un policía y un vecino pudieron conducirlos hasta el jet justo a tiempo.

Por último, cuando comenzaba a oscurecer, la WHAS envió un vehículo de cuatro ruedas para transportar a Michelle y a su familia a la iglesia. Cuando llegaron al estacionamiento meticulosamente limpio, había ciento cincuenta personas, apoyadas en sus palas, rodeadas por montañas de nieve. Cuando llegaron los camiones de bomberos que proporcionarían luces de aterrizaje provisionales para el helicóptero, la multitud ya había crecido a trescientas personas que aplaudían y sacudían los brazos al tiempo que las Schmitt se elevaban a través de la noche nevada.

El transplante de Michelle fue todo un éxito. Pero no sólo fue el éxito de un experimentado equipo médico, de una niña con ganas de sobrevivir y de una familia que no se dio por vencida, sino el éxito de todo un pueblo que encontró algo mucho mejor que hacer el 17 de enero que permanecer al calor del hogar viendo la nieve.

Susan G. Fey

La carrera de Susie

Cuando uno cree que puede, ¡puede!

Maxwell Maltz

Cuando se es padre, uno aprende tanto de los hijos como ellos de uno. Nos hacen recordar épocas en las que tuvimos muchas ideas y esperanzas, antes de aprender a dudar de nosotros mismos o a ver obstáculos en nuestro camino. Nuestra hija Susie cursaba el quinto grado cuando afrontó su primera lección sobre la vida, la muerte y la compasión. A su compañero de clase, Jeff, le diagnosticaron leucemia. Además de faltar mucho a clases, Jeff se debilitó y perdió el cabello. Mientras que la reacción de algunos de los niños fue rechazarlo o ridiculizarlo, Susie prefirió interesarse en él. De este modo, ella y Jeff llegaron a ser amigos especiales.

Durante un periodo de remisión, Susie y Jeff pasaban todo su tiempo libre jugando, estudiando y platicando. Incluso participaron en un par de carreras. Los dos se hicieron inseparables.

Así, para nuestra hija fue un tremendo golpe cuando se impuso la leucemia, la enfermedad regresó y su mejor amigo pereció. Ahí fue cuando nuestra extraordinaria hija nos mostró lo mejor de su creatividad, su fortaleza, y nos hizo recordar el poder de la fe.

Susie quiso hacer algo para que la gente no olvidara a Jeff. En vista de que en vida a él le gustaba correr, decidió crear la Carrera en Memoria de Jeff Castro, cuyos ingresos se entregarían a la Sociedad de la Leucemia. Cuando nos comunicó su idea, nos sentimos orgullosos y conmovidos, pero recelosos. Sabíamos que Susie no se imaginaba la magnitud de una tarea semejante, ni tenía la experiencia o los conocimientos para alcanzar el éxito. Nosotros tampoco sabíamos a ciencia cierta cómo organizar una carrera para recaudar fondos, por lo que la escuchamos y abandonamos la idea. Poco sabíamos que Susie seguiría intentándolo hasta encontrar a alguien dispuesto a ayudarla.

Sin decirnos nada, Susie recurrió a sus maestros. Ellos la alabaron por su idea, pero también le explicaron por qué no funcionaría. Además del tiempo y el esfuerzo necesarios *ella* necesitaría los contactos apropiados y una tremenda cantidad de dinero de los patrocinadores. Le sugirieron que mejor hiciera otro tipo de evento mucho más pequeño. Susie escuchó, no replicó y siguió adelante.

Ya se podrán imaginar ustedes nuestro asombro cuando, un par de semanas más tarde, comenzamos a recibir llamadas telefónicas de la Pepsi-Cola, Coors y otras compañías que pedían hablar con Susie. Se les había solicitado patrocinar una carrera y necesitaban más detalles. En ese momento supimos que nuestra hija se había hecho cargo de su sueño y nosotros de ningún modo nos pondríamos en su camino. *Iba a haber una carrera*, y nosotros jugaríamos un papel activo ayudándola.

Después de meses de planeación, coordinación y recaudación de fondos, tuvo lugar la Carrera Jeff Castro por la Leucemia. ¿Tuvo éxito? ¡Apuesten! ¡Se recaudaron más de veinte mil dólares! La mitad se utilizó para cubrir los gastos y, con gran orgullo, se entregó un cheque por diez mil dólares a la Sociedad de la Leucemia. Todo porque una pequeña que amaba a un pequeño tuvo una visión que nadie pudo cambiar.

Thomas R. Overton

La carrera de la voluntad

El éxito es un estado mental.

Joyce Brothers

Cuando comencé a andar en bicicleta, hace un par de años, nunca pensé que mi entusiasmo me llevaría más allá de algún paseo corto ocasional. Pero conforme fui adquiriendo fuerza, mis amigos me estimularon para que aumentara mi entrenamiento y probara trayectos más largos. El primero que se me presentó fue un recorrido de 150 millas (240 kilómetros), el MS-150, una competencia anual que recauda fondos para la lucha contra la esclerosis múltiple.

Cuando me inscribí, la idea de apoyar una causa valiosa, al tiempo que me imponía una nueva meta, me pareció magnífica, así que comencé a entrenar con entusiasmo. Pero al acercarse el momento del recorrido, las dudas sobre mi capacidad comenzaron a menguar mi resistencia. Yo todavía quería recaudar dinero para aquella obra de caridad, pero la verdad es que no quería pedalear todas esas millas durante dos días sin parar.

El recorrido comenzó una hermosa mañana de domingo en la tranquila campiña de Georgia. Durante las primeras horas me sentí de maravilla. Aquella era precisamente la experiencia que yo había imaginado, y mi ánimo estaba muy alto. Pero al terminar el día me sentí cansada e irritable.

Si el cuerpo está conectado con la mente, ahí estaba la prueba en acción. Cada excusa que mi cerebro profería parecía viajar directo a mis piernas. "Ya no puedo más", se transformaba en un calambre en una pierna, y "todos son mejores ciclistas", se traducía en la falta de aire. Estaba segura de que me tendría que retirar.

Al llegar a la cima de una colina, la magnífica puesta de sol me ayudó a continuar unos minutos más. Después, a la distancia, dibujado contra el sol rojo brillante, vi a una ciclista solitaria que pedaleaba muy despacio. Advertí que la persona se veía diferente en alguna forma, pero no podía decir por qué. Así que me apresuré a alcanzarla. Ahí estaba, pedaleando sola, lenta pero constantemente, con una sonrisa sutil y determinada en el rostro, y con una sola pierna.

En ese instante cambió mi perspectiva. Durante todo un día había estado poniendo en duda mi cuerpo. Pero en ese momento supe que no era el cuerpo, sino la *voluntad* lo que me ayudaría a alcanzar mi meta.

Durante todo el segundo día llovió. Nunca volví a ver a la ciclista de una pierna, pero yo seguí adelante sin quejarme, con la certeza de que ella estaba por ahí, conmigo. Al finalizar el día, sintiéndome todavía con fuerzas, terminé la milla 150.

Kathy Higgins

Un relato sobre el valor canino

Ese día de invierno de 1968, cuando por primera vez puse la vista en Fritzy, el hielo se veía como puñales que colgaban de la canal fuera de la ventana de mi habitación. Esa mañana nos amontonamos en la camioneta de la familia y nos dirigimos a través de los campos de maíz congelados y los riachuelos. Íbamos por un perro.

Apreté la nariz contra la ventanilla del auto, respiré sobre el vidrio helado y me pregunté cómo sería. ¿Me daría la pata, se revolcaría en el suelo y cazaría ardillas? Cada poste de la valla que dejábamos atrás me acercaba más a mi anhelo más grande: un perro que fuera solamente mío.

Al traspasar la puerta de la perrera, el pandemonio era ensordecedor. No imaginaba cómo íbamos a pasar por el caos canino para tomar una decisión. Entonces, justo en medio del tumulto, el silencio atrapó mi vista. Ahí estaba sentado, tranquilo y confiado, en una jaula del rincón, ajeno a la arrebatada inquina a su alrededor.

Cuando me acerqué, sacó la pata entre los barrotes y yo la tomé. Un letrero escrito a mano sobre su casa decía: "Collie/pastor". Apretó la nariz contra la puerta y le acaricié la cabeza. Diez minutos después estaba sentado en el asiento trasero de nuestro auto.

—Su nombre es Fritzy —anunció la abuela esa noche mientras lo veíamos devorar su comida inaugural—. Igual que el primer perro de tu papá —y así fue.

Fritzy se adaptó con rapidez a la vida en nuestra pequeña posada de las montañas de Carolina del Norte. Cada vez que llegaban huéspedes, salía luciéndose a saludarlos. Cuando ellos iban a caminar por las tardes, les servía de alegre acompañante. Los servicios de Fritzy en las caminatas se hicieron tan populares que papá tuvo que decidirse por instituir una hoja de inscripción para satisfacer a todos los caminantes que rivalizaban por su compañía.

Cuando vendimos la posada y nos mudamos a la ciudad, cinco años después, Fritzy se dedicó a descansar. El momento más grandioso de su día era cuando yo entraba saltando por la puerta principal después de la escuela. Se deslizaba hasta la entrada embaldosada y saltaba a mis brazos como si se acabara de ganar la lotería canina.

Un viernes por la tarde mi padre anunció que estaríamos fuera durante toda la noche. Cada año hacíamos un viaje por las montañas hasta su ciudad natal, Knoxville, Kentucky, para hacer algunas compras en el mercado y visitar algunos lugares de interés. Mientras subíamos el equipaje al auto, papá me informó que en el motel donde nos alojaríamos no dejaban entrar perros, por lo que Fritzy no nos acompañaría.

—Estará bien —me aseguró—. Le dejaré más comida y sólo será por una noche. Ni siquiera se dará cuenta de que nos fuimos.

Mi corazón se hundió como una bola de boliche en una piscina. Nunca habíamos dejado a Fritzy solo por la noche. ¿Qué haría? ¿Qué pensaría?

Al alejarnos por la calle, Fritzy se quedó mirándonos desde una orilla del patio con las orejas levantadas y meneando la cola con escepticismo, como diciendo: "Deben estar bromeando".

Esa noche no pude dormir. En todo lo que podía pensar era en un perro solitario y atemorizado preguntándose por qué lo habían abandonado. No fue sino hasta después de las seis de la tarde del día siguiente cuando llegamos a nuestra casa. Nada de saludos entusiastas. Nada de aullidos eufóricos. Nada de Fritzy.

Cayó la noche y ni señales de él. Fuimos de vecino en vecino, de casa en casa. Cada negativa me acercaba más a la desesperación.

—Por favor, Dios —oré esa noche arrodillado junto a mi cama—. Haz que Fritzy regrese a casa sano y salvo.

Pero pasó una semana y nada de Fritzy. Aunque en la escuela trataba de concentrarme, todo lo que podía hacer era pensar en mi perro perdido en alguna parte, andando por caminos solitarios.

Todas las tardes salía en estampida de la escuela rumbo a casa. Pero cuando pasaba por la puerta del patio sólo me saludaban el silencio y la triste sonrisa de mi madre.

—¿Por qué se está tardando tanto tiempo, Dios? —le pregunté a mamá una noche mientras me arropaba en la cama.

—Sólo mantén la esperanza —respondió tranquilamente.

—Creo que ya no me queda nada de esperanza —murmuré.

—Mientras subas corriendo esos escalones por las tardes y abras de golpe esa puerta, tienes esperanza —contestó al apagar la luz.

Fue en ese preciso momento cuando decidí que mi esperanza necesitaba una sacudida. Tomé la determinación de que, no importaba lo desanimado que me sintiera, abriría la puerta con esperanza.

Pasó otra semana y cada vez me parecía más difícil conservar la esperanza. Pero yo insistía, determinado a que fuera parte de mí.

Entonces una tarde, al llegar a casa, me encontré con la camioneta de papá estacionada en la entrada. Me pregunté por qué habría llegado tan temprano del trabajo. Me detuve justo afuera de la puerta y reuní toda mi esperanza antes de entrar. Cuando estuve seguro de que era todo esperanzas, abrí la puerta y entré.

El corredor estaba vacío, pero pude escuchar el suave murmullo de las voces de mis padres detrás de la puerta de la cocina. De pronto, mamá abrió la puerta lo suficiente como para mirarme.

—Hola, cariño —exclamó sonriendo—. Te tengo una sorpresa.

Abrió de golpe la puerta y Fritzy pasó volando junto a ella como un jabalí salvaje. Se resbaló sobre las pulidas baldosas y se estrelló contra la pared; se levantó y se arrastró hasta recuperar el equilibrio y saltó a mis brazos. Yo me caí de espaldas mientras él me lamía toda la cara.

Esa noche, durante la cena, papá relató cómo nuestro intrépido perro había caminado a través de la ciudad hasta el consultorio de un amistoso veterinario, a varios kilómetros de distancia, que lo había cuidado una vez años atrás. Durante dos semanas a Fritzy se le alimentó, cepilló y bañó mientras esperaba pacientemente a que nosotros lo encontráramos.

Aquella mañana, mientras el veterinario escuchaba la radio, el aviso de la pérdida de nuestro perro atrapó su atención y comprendió que él tenía al acusado.

Por la noche, mientras papá me arropaba en la cama, me preguntó si alguna vez había temido no volver a ver a Fritzy.

—No —respondí—. Yo sabía que mientras siguiera abriendo esa puerta, un día aparecería detrás.

Robert Tate Miller

La persistencia es redituable

Al igual que muchas otras mujeres jóvenes, Joan Molinsky soñaba en hacer carrera en los escenarios, divirtiendo a las masas. Tenía la habilidad de hacer reír a la gente, por lo que optó por la comedia.

Sin embargo, sus padres se mostraban escépticos, a pesar del éxito de su hija en varias revistas cortas y en certámenes locales de talento. Deseoso de verla actuar en el escenario de un club, el doctor Molinsky hizo que contrataran a su hija en el club de playa de la familia, en New Rochelle, Nueva York. El espectáculo era el último del verano, y el primer compromiso de Joan en un espectáculo nocturno.

La señorita Molinsky comenzó su acto con una canción divertida, pero la atención del auditorio duró sólo el tiempo que le llevó a los carritos de los postres recorrer las mesas. En cuestión de minutos los trescientos concurrentes retomaron las conversaciones que habían sostenido antes de la introducción de la hermosa muchacha de veintitantos años.

Acongojada e ignorada, Joan llevó a cabo cada uno de sus números con lo mejor de su capacidad. Con un humilde "gracias" al final de su última canción, Joan irrumpió en la cocina contigua con lágrimas de vergüenza en los ojos. Sus padres también estaban avergonzados, no tanto por ella como por ellos mismos. Su hija había fracasado, con lo que ellos reforzaron su creencia de que Joan no tenía futuro en el espectáculo.

Más tarde, esa misma noche, el doctor Molinsky instó a Joan a que desistiera de su sueño de ser comedianta y buscara una carrera más realista. Su hija se exaltó.

—No me importa lo que digas. Tú no sabes nada —gritó Joan a su padre—. Yo sí tengo talento. Es mi vida y yo decido cómo la vivo.

La discusión, al cabo del tiempo, terminó en que Joan se alejó de la casa familiar y regresó a la ciudad de Nueva York. Vivía cerca de una Asociación de Jóvenes Cristianas local, de modo que obtenía trabajos temporales mientras persistía en sus sueños trabajando en diversos espectáculos y compañías ambulantes. Su dedicación la llevó a participar con los prestigiosos ejecutantes Second City y a trabajar en California como escritora y como "anzuelo" para *Candid Camera*.

A pesar de su buen desempeño en el espectáculo, el anfitrión Allen Funt jamás pudo recordar su nombre; la llamaba Jeri o Jeannie o Jackie o de cualquier otro modo.

Fue mientras trabajaba en *Candid Camera* cuando Joan recibió una llamada de *The Tonight Show*, espectáculo al cual ella había solicitado e insistido durante más de un año que le dieran una oportunidad como artista invitada. Querían que apareciera con Johnny Carson. Joan se reportó enferma en *Candid Camera* y se preparó para la oportunidad de su vida.

Una vez en el escenario, Joan y Carson hicieron de inmediato excelentes migas, libraron justas verbales demasiado divertidas como para poderse escribir en un guión. Al final, mientras Carson se limpiaba las lágrimas de risa, exclamó en voz alta ante sus millones de espectadores:

—Dios mío, sí que eres graciosa. Vas a llegar a ser una estrella.

Al día siguiente, docenas de ofertas de apariciones en público fluyeron de todas partes del país y Joan se colocó en la lista de éxitos de la comedia. Además, ese mismo día renunció a *Candid Camera*, con todo el disgusto de un enfurecido Funt, quien la noche anterior había visto a su empleada "enferma" en el programa de Carson.

Mientras mordisqueaba un trozo de zanahoria, Funt masticó pensativo y declaró:

—Creo que usted está cometiendo un grave error, Jill.
A partir de ese momento nadie volvió a subestimar a Joan
Rivers ni a confundir su nombre.

Curtis McAllister
Referido por Christine Belleris
y Randee Goldsmith

¡Haré cualquier cosa!

Mi contribución al trabajo del mundo puede ser limitada, pero el hecho de que sea trabajo la hace preciosa.

Helen Keller

Jack sufría de parálisis cerebral. Era cuadripléjico y usaba el restringido movimiento que tenía en una mano para empujar la palanca que impulsaba su silla de ruedas eléctrica. Aunque no era uno de mis alumnos, a menudo escuchaba mis conferencias y participaba en discusiones de grupo. Me era sumamente difícil comprender lo que decía, por lo que me apoyaba en sus compañeros de clase para que me sirvieran de intérpretes. Me comentaba sus preocupaciones y frustraciones personales, algo que conmovía profundamente mi corazón. ¡Era demasiado valiente para ser tan vulnerable!

Un día, después de clases, Jack se me acercó y manifestó que quería trabajar. En aquella época yo estaba capacitando a adultos con discapacidades severas para trabajar ocasionalmente en diversas labores para el Fresno City College.

—¿Dónde? —le pregunté a Jack.

—Con usted en la cafetería —respondió.

Desconcertada de momento, pensé en las habilidades que se necesitaban para desempeñar las tareas de un ayudante de mesero: llenar la lavavajillas, barrer, trapear, almacenar, etc. ¿Cómo podría participar una persona cuadripléjica en ese tipo de programa de capacitación? No pude contestar; mi mente estaba en blanco.

—¿Qué quieres hacer, Jack? —le pregunté, con la esperanza de que él tuviera algo en mente.

Su respuesta fue firme.

—¡Haré *cualquier cosa!* —exclamó con una sonrisa.

¡Dios, cómo me gustó su espíritu y su determinación y cuánto admiré su convicción! Convenimos en encontrarnos en la cafetería a las 10:00 a.m. del día siguiente. Me pregunté si sería puntual. ¿Sabría definir el tiempo? A la mañana siguiente escuché su silla de ruedas quince minutos antes de la cita. En silencio oré por una guía y una visión más aguda. A las 10:00 a.m. nos encontramos. A las 10:01, Jack estaba listo para trabajar. Su entusiasmo hacía que su discurso fuera todavía más difícil de comprender. En mi empeño por encontrar para Jack una forma de participación significativa en un programa de capacitación vocacional, me tropecé con obstáculo tras obstáculo. Su silla de ruedas le impedía acercarse a las mesas. No le era posible usar las manos, excepto para asir. Probé algunas adaptaciones, pero sin éxito. Al ver mi frustración, un bondadoso custodio ofreció su ayuda. En cosa de media hora proporcionó una solución. Acortó el palo de un trapeador de pisos para que ajustara cómodamente debajo del brazo de Jack y éste lo pudiera manipular con una mano. Colocamos el trapeador de modo tal que tocara la parte superior de las mesas. Con la otra mano Jack impulsaba su silla y así limpiaba las superficies de las mesas girando en torno a ellas.

¡Jack se sentía en el cielo! Estaba muy orgulloso de ser participante activo y no sólo observador. Al mirarlo advertí que podía empujar las sillas fuera del camino usando su silla de ruedas. Así, se creó un nuevo trabajo para él: retirar las sillas de las mesas diseñadas para usarse con sillas de ruedas y alinearlas contra la pared para que no estorbaran. Jack realizó su trabajo con gusto y orgullo. ¡Aumentó su autoestima! ¡Por fin se sentía capaz y valioso!

Un día Jack se me acercó con lágrimas en los ojos. Cuando le pregunté qué sucedía, me explicó que la gente no lo dejaba realizar su trabajo. Al principio no comprendí lo que quería decir. Entonces lo observé tratando de mover las sillas. Se esforzaba tanto, que estudiantes bien intencionados pensaban que estaba luchando por quitar las sillas de su camino y las retiraban por él. Trataba de explicarles, pero nadie se daba el tiempo de escuchar. El problema se resolvió cuando hice estas tarjetas para que Jack las llevara en su charola:

¡Hola! Mi nombre es Jack.
Trabajo en la cafetería.
Mi trabajo consiste en limpiar las mesas
y empujar ciertas sillas hasta la pared.
Si deseas ayudarme,
POR FAVOR *sonríeme*
y dime lo bien que realizo mi trabajo.

Jack ostentaba y repartía estas tarjetas con orgullo. Los estudiantes comenzaron a tomar en serio a Jack y a su trabajo. Ese semestre Jack experimentó la autoestima que llega cuando uno siente que se le reconoce y apoya. Su determinación me servirá de inspiración cada vez que busque y encuentre nuevas formas de que mis estudiantes y yo nos sobrepongamos a los obstáculos de la vida y seamos todo lo que podemos con los talentos que nos otorgó Dios.

Dolly Trout

Henri Dunant

Aquel que tiene algo por qué vivir puede soportar casi cualquier cómo.

Friedrich Nietzsche

A los treinta años Henri Dunant era un próspero banquero y financiero suizo. Su vida habría seguido igual, de no haber llegado el ominoso día del 24 de junio de 1859, que lo cambió todo.

El gobierno suizo envió a Dunant para que hablara con Napoleón III. Iba a discutir un asunto de negocios entre los suizos y los franceses que beneficiaría a ambos. Pero Napoleón no se encontraba en París; estaba en las llanuras de Solferino, a punto de iniciar la batalla contra los austriacos.

Henri Dunant trató de llegar al paraje antes de que se iniciara la batalla, pero no lo logró. Su carruaje se detuvo en la cima de una colina que dominaba el campo de batalla.

De pronto sonaron las trompetas, tronaron los mosquetes, estallaron los cañones. Las dos caballerías se lanzaron a la carga y se inició el combate. Henri Dunant, como desde un palco de teatro, se transfiguró. Pudo ver cómo se levantaba el polvo, escuchó los gritos de los lesionados y vio a los muertos. Dunant permaneció sentado como en trance ante el horror a sus pies.

Pero el verdadero horror llegó más tarde, cuando entró al pueblo después de terminada la batalla. Todas las casas, todos los edificios, estaban llenos de mutilados, de lesionados, de muerte. Llevado por la piedad hacia el sufrimiento que vio a su alrededor, Dunant se quedó tres días en el pueblo ayudando en todo lo que pudo.

Jamás volvió a ser el mismo hombre de antes. La guerra era una barbarie. El mundo tenía que abolirla.

Aquella no era la manera de solucionar las diferencias entre las naciones. Y sobre todo, debía haber una organización mundial que ayudara a las personas en los tiempos de sufrimiento y caos.

Henri Dunant regresó a Suiza, y durante los siguientes años se volvió un fanático del tema de la paz y la piedad. Comenzó a viajar por toda Europa transmitiendo su mensaje. Con el tiempo su negocio se vio afectado y pronto quebró. Pero él persistió.

En la primera Conferencia de Ginebra sostuvo un ataque de un solo hombre contra la guerra. Como resultado, la Conferencia expidió la primera ley internacional contra la guerra, un movimiento que, con el tiempo, dio nacimiento tanto a la Liga de las Naciones como a las Naciones Unidas.

En 1901 Dunant recibió el primer premio Nobel de la paz. Aunque no tenía ni un centavo y vivía en la pobreza, donó el premio completo al movimiento internacional que había fundado.

Henri Dunant murió en 1910 casi totalmente olvidado por el mundo. Pero no necesitó un monumento que marcara su tumba. Como símbolo de la organización que creó, tomó la bandera suiza, una cruz blanca sobre fondo rojo, y la invirtió: una cruz roja sobre fondo blanco. La organización que llegó a ser su eterno monumento fue la Cruz Roja.

Bits & Pieces

8

SABIDURÍA ECLÉCTICA

El universo es un enorme jardín de niños para el hombre. Todo lo que existe ha traído consigo su propia lección peculiar. La montaña enseña estabilidad y grandeza; el océano, inmensidad y cambio. Los bosques, los lagos y los ríos, las nubes y el viento, las estrellas y las flores, los estupendos glaciares y los copos de nieve, toda forma de existencia animada o inanimada deja su huella en el alma del hombre. Incluso la abeja y la hormiga han traído sus pequeñas lecciones de laboriosidad y economía.

Orison Swett Marden

Debieron haber conocido a Gladys

Yo no soy un he sido; soy un seré.

Lauren Bacall

Mi prometido me presentó a su abuela, Gladys Attwood, cuando ésta cumplió noventa y cinco años de edad. Sus ojos centellearon cuando acerqué una silla para sentarme a su lado, mientras una de sus tres hijas preparaba un video para que todos lo disfrutáramos. Helen explicó que el video incluía los tres comerciales para televisión que Gladys había estelarizado el año anterior para un taller de lavado de autos de la localidad. Larry Dahl, propietario de Wash n'Well, había telefoneado a la institución de cuidados mínimos donde Gladys residía, para ver si había alguna "valerosa dama de edad" con el carisma suficiente para llevar a cabo lo que él tenía en mente. Marge Siegfried, codirectora de la casa de retiro Royal Oaks, no lo pensó dos veces: ¡tenían a "la persona indicada"!

—¡Te voy a dar una paliza! —gritaba ella mientras perseguía al empleado. Fuera del auto, corría alrededor con su bastón (en cámara rápida), golpeando los neumáticos y dándoles palmadas a los empleados mientras ellos tallaban, pulían y sacaban brillo. Al final exclamaba—: ¡Definitivamente les dí una paliza! —sonreía y guiñaba el ojo, con el guiño que le dio el reconocimiento de toda la ciudad de Medford, Oregon. ¡Cómo se rió cuando terminó el video!

Una vez que el tropel de familiares que nos rodeaban menguó y que el flujo de cumplidos disminuyó, me encontré escuchando a Gladys con interés. Sobreviviente de un cáncer de mama, era miembro activo del grupo local de la Sociedad Americana contra el Cáncer.

—Ya sabes, si los jóvenes que han tenido cáncer ven que tú puedes tenerlo y vivir hasta los noventa y cinco años, eso los hace pensar —explicó.

Nuestra conversación continuó y, al poco rato, Gladys empezó a comentarme sus ideas sobre los últimos sucesos políticos y los asuntos mundiales. Me sentí desconcertada ante el agudo ingenio de esta antigua campeona universitaria de basquetbol y maestra, cuyos conocimientos y complejos procesos de pensamiento sobre los asuntos cotidianos hacían que me avergonzara. No tardé mucho en sentir una profunda admiración por ella.

En parte haciendo un esfuerzo por salvarme y en parte porque estaba tan sorprendida, pregunté:

—Dígame, abuela, ¿cómo logró llegar a tan avanzada edad y, sin embargo, conservarse tan jovial?

Gladys inclinó el rostro arrugado y cálido hacia el mío, con los ojos grises brillando detrás de los lentes de armazón metálica.

—Te lo diré, Diane. Hace mucho tiempo, una enfermera me dijo que si te ríes mucho, vives más tiempo. Por eso... yo me río mucho... y mis cuatro novios me ayudan a seguir adelante.

—¿Sus cuatro novios? —exclamé.

—¿No te lo he dicho? Bueno... todas las mañanas me levanto con Will Power. Después me voy a caminar con Arthur Itis. Regreso a casa con Charlie Horse. Y después me voy a la cama con mi favorito... Ben Gay.

Diane Brucato Thomas

101 regalos para dar durante todo el año

1. Sonría.
2. Proporcione su hombro como consuelo.
3. Déle a alguien unas palmaditas en la espalda.
4. Diga "gracias".
5. Dé un beso inesperado...
6. ...o un cálido abrazo.
7. Diga "¡te ves muy bien!", pero sea sincero.
8. Dé un masaje a una espalda cansada.
9. Silbe cuando se sienta decaído.
10. Envíe una tarjeta de agradecimiento a un antiguo maestro.
11. Diga "buenos días", aunque no lo sean.
12. Envíe una carta inesperada y cariñosa a un viejo amigo.
13. Haga una llamada telefónica sorpresa.
14. Lave la vajilla aunque no le toque.
15. Tire la basura aunque no le toque.
16. Ignore un comentario desagradable.
17. Haga una "rápida llamada de amor".
18. Inicie el día de alguien con una broma o una historia cómica.
19. Haga café en la oficina, por ejemplo para su secretaria.
20. Junte los avisos oportunos para alguien que busca trabajo.
21. Escríbale una carta de estímulo al editor.
22. Lleve al abuelo o a la abuela a almorzar.
23. Envíe una tarjeta de "pensando en ti".
24. Salude y sonríale al oficial encargado del estacionamiento.
25. Pague sus cuentas a tiempo.
26. Dé su ropa usada a una persona necesitada.
27. Dé buenas noticias. No cuente chismes.

28. Dígale a alguien algo agradable.
29. Preste su libro favorito. No insista para que se lo devuelvan.
30. Devuélvale a su amigo su libro favorito.
31. Juegue a atrapar pelotas con un niño.
32. Ayúdele a alguien a encontrar una solución en lugar de darle consejos.
33. Lleve al trabajo una caja de galletas hechas en casa.
34. Visite a un anciano internado.
35. Ría ante una broma tonta.
36. Dígale a su pareja que es hermosa.
37. Sirva el desayuno en la cama y limpie después.
38. Limpie la casa de mamá y papá.
39. Comparta un sueño.
40. Pasee con su pareja con regularidad.
41. Guarde una confidencia.
42. Trate de comprender a un adolescente. Trate una y otra vez. Lógrelo.
43. Ceda a alguien su lugar en la fila.
44. Descubra a alguien "que lo hace bien" y dígale "¡excelente trabajo!"
45. Diga "por favor".
46. Diga "sí" cuando preferiría decir "no".
47. Explique con paciencia.
48. Diga la verdad, pero con amabilidad y tacto. Pregúntese: "¿Es en verdad necesario que la otra persona oiga esto?"
49. Anime a una persona triste.
50. Reparta un poco de alegría.
51. Realice un acto amable en el anonimato.
52. Comparta su paraguas.
53. Deje una tarjeta con una frase divertida bajo el limpiador del parabrisas.
54. Pegue en el refrigerador una nota amorosa.
55. Déle a alguien una flor de su jardín.
56. Comparta una hermosa puesta de sol con alguien a quien ame.
57. Sea el primero en decir "te amo". Dígalo con regularidad.
58. Relate una historia divertida a alguien con el ánimo decaído.
59. Libérese de la envidia y la malicia.
60. Estimule a algún joven a dar lo mejor de sí.

61. Comparta una experiencia y ofrezca esperanza.
62. Dése tiempo. Sí, usted puede. Implica tomar nuevas decisiones.
63. Piense bien las cosas.
64. Escuche.
65. Examine sus demandas hacia los otros. Prescinda de algunas.
66. Vuélvase más alegre. Encuentre el lado divertido de la situación.
67. Haga una caminata tranquila cuando sienta que va a explotar.
68. Sea buen amigo.
69. Sea optimista.
70. Exprese su gratitud.
71. Léale a alguien algo edificante.
72. Haga lo que valore y valore lo que haga.
73. Si ve basura en la acera, recójala en lugar de pisarla.
74. Sea genuino.
75. Camine con orgullo.
76. Jamás desaproveche la ocasión de ser cariñoso con sus seres queridos.
77. Invite a alguien a quien ame a haraganear y acostarse sobre el césped para ver las estrellas en una noche de verano.
78. Encuentre cada día algo hermoso en alguna persona.
79. Lleve a alguien a un paseo sorpresa.
80. Pídale ayuda a algún amigo, aunque no la necesite.
81. Guarde silencio en la biblioteca.
82. Ayude a alguien a cambiar un neumático.
83. Narre un cuento a un pequeño a la hora de dormir o pídale a un pequeño que le narre una historia.
84. Comparta su vitamina C.
85. Regale una manta a una persona sin hogar.
86. Envíele a alguien un poema por correo.
87. Déjele a su cartero un pequeño regalo.
88. Señale la belleza y la maravilla de la naturaleza a quienes ama.
89. Permítale a alguien que cometa un error.
90. Permítase a sí mismo varios errores.
91. Lleve a alguien al circo.
92. Use sólo un lugar del estacionamiento.
93. Tome en consideración un punto de vista diferente.

94. Permita que su pareja gane en el golf.
95. Perdone un viejo agravio.
96. Platique con un niño solitario.
97. Ríase de un chiste viejo.
98. Lleve a los niños al parque.

99. Sea "todo ojos y oídos" para sus amigos.
100. Compre el vino que le gusta a su pareja.
101. Evite el impulso de criticar a los demás.

Hanoch y Meladee McCarty
Condensado de Acts of Kindness

¿Más sopa de pollo?

Muchos de los poemas y relatos que acaba de leer en este libro fueron referidos por lectores como usted, después de que leyeron otros números de *Sopa de pollo para el alma*. En un futuro próximo planeamos publicar el 5o. volumen y otras especialidades de los libros de *Sopa de pollo*. Nos encantaría que usted contribuyera con un relato para alguno de estos volúmenes.

Puede ser un relato que saque del periódico local, de una revista, del boletín de alguna iglesia o de una compañía. Puede ser algo que haya leído en un libro o recibido por fax. También puede ser una cita que le haya gustado y colocó en la puerta de su refrigerador, o una experiencia personal que lo haya conmovido profundamente.

Sólo envíenos una copia de sus relatos a esta dirección:

Chicken Soup for the Soul
P.O. Box 30880 • Santa Barbara, CA 93130
teléfono: 800-563-2935 • fax: 805-563-2945
correo electrónico: *soup4soul@aol.com*
sitio Web: *http://www.chickensoup.com*

Nos aseguraremos de que tanto usted como el autor reciban crédito por su referencia.

Además, tenemos planeadas colecciones especiales de *Sopa de pollo*, para maestros, cristianos, judíos, adolescentes, atletas y para quienes aman a las mascotas, entre otros. Sus contribuciones para cualquiera de estos libros serán bienvenidas; por favor, indique en su relato para cuál libro envía su ofrecimiento. ¡Gracias por su contribución!

Conferencias, seminarios y talleres

También puede ponerse en contacto con nosotros en la dirección antes mencionada para dicter conferencias o para solicitar informacion sobre nuestros otros libros, audiocintas, talleres y programas de capacitación.

Comedores de beneficencia para el alma

Uno de los acontecimientos más estimulantes de *Sopa de pollo para el alma* fue el que causó en los lectores que viven de la beneficencia pública, que no tienen hogar o que están encarcelados en prisiones estatales.

Como resultado, creamos el proyecto Cocinas de Beneficencia para el Alma, que dona libros de *Sopa de pollo para el alma* a personas y organizaciones que no tienen los medios para comprarlos. Ya hemos donado más de 15,000 ejemplares de *Sopa de pollo para el alma* a hombres y mujeres que están en prisión, en centros de adaptación social, en albergues para gente sin hogar, en albergues para mujeres golpeadas, en programas de alfabetización, en escuelas de zonas urbanas, en hospicios para enfermos de SIDA, en hospitales, en iglesias y en otras organizaciones que atienden a adultos y jóvenes necesitados.

La casa editorial y los autores han proporcionado machos de estos libros, pero una cantidad similar ha sido donada por lectores como usted. Lo invitamos y le agradecemos que participe en este proyecto de la siguiente manera. Por cada

12.95 dólares que usted aporte, enviaremos dos ejemplares de *Sopa de pollo para el alma* a programas que apoyen a personas necesitadas. Asimismo, lo invitamos a presentar los nombres de programas que considere que valen la pena y que deberían recibir ejemplares de los libros.

El programa está administrado por Foundation for Self-Esteem en Culver City, California. Por favor, gire su cheque a The Foundation for Self-Esteem y envíelo a:

Soup Kitchens for the Soul
The Foundation for Self-Esteem
6035 Bristol Parkway • Culver City, CA 90230
o llame al 310-568-1505 y haga su contribución
mediante tarjeta de crédito

Acusaremos recibo de su contribución y le informaremos a dónde fueron enviados los libros que usted pagó.

¿Quién es Jack Canfield?

Jack Canfield es uno de los principales expertos de Estados Unidos en el desarrollo del potencial humano y la efectividad personal. Es un orador dinámico y divertido, así como un instructor muy solicitado. Jack tiene una maravillosa habilidad para informar e inspirar a las audiencias para alcanzar niveles más elevados de autoestima y desempeño máximo.

Es autor y narrador de varios programas de gran éxito en cintas de audio y video, entre los que se incluyen *Self-Esteem and Peak Performance, How to Build High Self-Esteem, Self-Esteem in the Classroom* y *Chicken Soup for the Soul-Live*. Se presenta con regularidad en programas de televisión como *Good MorningAmerica, 20/20* y *NBC Nightly News*. Jack es co-autor de una gran cantidad de libros, incluyendo la serie *Sopa de pollo para el alma, Dare to Win* y *El factorAladino* (todos con Mark Victor Hansen), *100 Ways to Build Self-Concept in the Classroom* (con Harold C. Wells) y *Heart at Work* (con Jacqueline Miller).

Jack es un solicitado conferencista en asociaciones profesionales, distritos escolares, agencias gubernamentales, iglesias, hospitales, organizaciones de ventas y corporaciones. Entre sus clientes se incluyen American Dental Association, American Management Association, AT&T, Campbell Soup, Clairol, Domino's Pizza, GE, ITT, Hartford Insurance, Johnson & Johnson, The Million Dollar Roundtable, NCR, New England Telephone, Re/Max, Scott Paper, TRW y Virgin Records. Jack también forma parte del cuerpo docente de Income Builders International, una escuela para empresarios.

Jack dirige un programa anual de ocho días llamado Training of Trainers en las áreas de autoestima y desempeño máximo. Atrae a educadores, asesores, capacitadores de padres, capacitadores corporatives, oradores profesionales, ministros y otras personas interesadas en desarrollar sus

habilidades para hablar en público y dirigir seminarios.
Para mayor información sobre los libros, cintas y programas de capacitación de Jack, o para solicitar una presentación, escriba por favor a:

The Canfield Training Group
P.O. Box 30880 • Santa Barbara, CA 93130
teléfono: 800-237-8336 • fax: 805-563-2945
sitio Web: *http://www.chickensoup.com*
para envier correo electrónico: *soup4soul@aol.com*
para recibir información vía correo electrónico:
chickensoup@zoom.com

¿Quién es Mark Victor Hansen?

Mark Victor Hansen es un orador profesional que, durante los últimos veinte años, ha llevado a cabo más de cuatro mil presentaciones para más de dos millones de personas en treinta y dos países. Sus presentaciones versan sobre estrategias y excelencia en ventas; desarrollo y capacitación personal, así como formas de triplicar el ingreso y duplicar el tiempo libre.

Mark ha dedicado toda su vida a la misión de lograr una profunda y positiva diferencia en la vida de las personas. A lo largo de su carrera ha inspirado a cientos de miles de personas a crear para sí mismas un futuro más promisorio con objetivos determinados, al tiempo que estimula la venta de bienes y servicios por un valor de miles de millones de dólares.

Mark es un escritor prolífico, autor de *Future Diary How to Achieve Total Prosperity* y *The Miracle of Tithing*. Es co-autor de la serie *Sopa de pollo para el alma, Dare to Win* y *El factor Aladino* (todos con Jack Canfield) y *The Master Motivator* (con Joe Batten).

Mark también ha producido una colección de programas en cintas de video y audio para la capacitación personal que han permitido que sus escuchas reconozcan sus habilidades innatas y las utilicen dentro de sus negocios y vidas personales. Su mensaje lo ha convertido en una personalidad popular en radio y televisión; se ha presentado en ABC, NBC, CBS, HBO, PBS y CNN. Asimismo, ha aparecido en la portada de numerosas revistas, entre ellas, Success, Entrepreneur y Changes.

Mark es un gran hombre, con el corazón y el espíritu igual de grandes; una inspiración para todos aquellos que buscan mejorar.

Usted se puede poner en contacto con Mark en:

P.O. Box 7665
Newport Beach, CA 92658
teléfono: 714-759-9304 u 800-433-2314
fax: 714-722-6912

¿Quién es Hanoch McCarty?

Hanoch McCarty es uno de los conferencistas más notables y solicitados de Estados Unidos. Es famoso por su gran energía, lo apropiado de sus ejemplos y relatos, el dramatismo y el humor de sus presentaciones y el hecho de que siempre interactúa con su auditorio de la manera más estimulante. En cada una de sus presentaciones hace la investigación y el diseño apropiados para cada cliente.

Hanoch hace más de cien presentaciones al año por todo el mundo. Ha dictado conferencias en dieciséis países, entre los que se incluyen China, Japón, Noruega así como la mayoría de las principales ciudades de Estados Unidos. Su lista de clientes incluye: Quad/Graphics Corporation, Johnson & Johnson, Ortho Biotech, el Departamento de Agricultura de Estados Unidos, el Departamento del Interior de Estados Unidos, el Servicio de Rentas Públicas, el Servicio Forestal de Estados Unidos, Escuelas Públicas de Houston, Escuelas del Condado de Dade, Escuelas del Condado de Broward, Asociación de Administradores de Escuelas de Nebraska, la Universidad de Phoenix y grupos similares por todo el país. Habla para sistemas escolares, facultades universitarias, asociaciones profesionales, practicantes médicos, organizaciones para la conservación de la salud, grupos de dentistas, equipos de hospitales, practicantes legales y grupos industriales.

Es autor de dieciséis libros y programas de capacitación, entre los que se incluyen: *Self-Esteem in the Classroom: The Experts Speak; Growing Pains in the Classroom; Ten Keys to Successful Parent Involvement; Weekends: Great Ideas for Memorable Adventures* y *Speaking to the Heart*. Con su esposa Meladee es coautor de tres libros, entre los que se incluye el éxito de librería, *Acts of Kindness: How to Create a Kindness Revolution; A Year of Kindness: 365 Ways to Spread Sunshine* y *The Daily Journal of Kindness*.

Las presentaciones de Hanoch han incluido *The Hidden Power of Kindness in the Workplace; Self-Esteem: The Bottom Line in Employee Motivation and Productivity;* y muchas presentaciones en escuelas públicas y privadas sobre la relación entre la autoestima y el desempeño.

Hanoch dirige asimismo programas para adolescentes, como *Kindness Is a Chain Reaction* y *The Ten Secrets of Life Success.* Para entrar en contacto con él, escriba o llame a:

Hanoch McCarty & Associates
P.O. Box 66
Galt, CA 95632-0066
teléfono: 209-745-2212 • fax: 209-745-2252
correo electrónico: kindness@softcom.net

¿Quién es Meladee McCarty?

Meladee McCarty es educadora profesional y una conferencista dinámica en el campo de la educación especial. Es especialista en programas para la Oficina de Educación del Condado de Sacramento. Trabaja para proporcionar entornos favorables para la educación especial de niños incapacitados y presenta una gran variedad de programas de capacitación para educadores basados en sus obras *Kindness in the Workplace; Communication and Team Building; Self-Esteem in the Classroom; Humor in the Learning Process* y *Focusing on the Disruptive Child.* Tiene gran experiencia en ayudar a las escuelas y otras instituciones a satisfacer las necesidades de los trabajadores y estudiantes incapacitados.

Meladee es coautora, junto con su esposo Hanoch McCarty, de *Acts of Kindness: How to Create a Kindness Revolution; A Year of Kindness: 365 Ways to Spread Sunshine* y *The Daily Journal of Kindness.* Han viajado juntos por Estados Unidos y Noruega para trabajar con educadores y profesionales en los negocios, con el objetivo de lograr que haya más amabilidad y altruismo en el mundo, los lugares de trabajo, los hogares, las comunidades y los salones de clase. Meladee y Hanoch se divierten mucho trabajando y haciendo representaciones juntos. Meladee es una maestra en el uso del humor apropiado para diluir la tensión y el conflicto.

Meladee y su esposo Hanoch son los orgullosos padres de Macallister Dodds, Stephanie Dodds, Ethan Rand McCarty y Shayna Liora Hinds. De todas las múltiples oportunidades que ha tenido en su vida, ser madre y esposa de una familia tan amorosa ha sido su papel más halagador.

El objetivo de Meladee es que en el mundo haya más amabilidad y crear un impacto positivo en las personas con quienes ella entra en contacto. Los colaboradores de este libro y los muchos y maravillosos actos de altruismo, bondad y amor que comparten y que recrean continuamente al mundo para que sea cada vez un mejor lugar para todos nosotros, la estimulan y la conmueven profundamente.

Para entrar en contacto con Meladee y obtener más información sobre sus programas:

The Kindness Revolution
P.O. Box 66
Galt, CA 95632-0066
teléfono: 209-745-2212 • fax: 209-745-2252
Para solicitar ejemplares autografiados
de los libros de Meladee,
llamar al 800-KINDNESS

Colaboradores

Muchos de los relatos que aparecen en este libro fueron tomados de libros que hemos leído. Estas fuentes reciben reconocimiento en la sección de los permisos. Si desea ponerse en contacto con sus autores o editores para obtener información sobre sus libros, cintas y seminarios, los puede localizar en las direcciones y números telefónicos que proporcionamos a continuación.

Muchos de los relatos fueron contribuciones de lectores como usted, quienes respondieron a nuestra petición de relatos. También incluimos información sobre ellos.

Joyce Andresen es trabajadora social en el Marengo Memorial Hospital. Vive con su esposo Ron y sus dos hijas en Keystone, Iowa.

Bits & Pieces, la revista que inspira al mundo, ha motivado y divertido a millones durante casi treinta años. Para un ejemplar gratis, llame al 1-800-526-2554. Disponible en inglés, español y japonés.

Hermana Carleen Brennan es monja, estudiante de Notre Dame. Es maestra, autora y conferencista y ha estado involucrada en la educación y la administración durante cuarenta y cinco años. Ya en su retiro, ha compartido con maestros y padres la rica experiencia que ha acumulado. Se le puede localizar en 1402 Prior Ave. S., St. Paul, MN 55116.

Jennings Michael Burch es autor y conferencista de reconocimiento internacional. Su autobiografía, *They Cage the Animals at Night,* es una crónica de sus experiencias de niño en orfanatos y casas de crianza. Habla a niños y adultos sobre la familia, los valores, la amabilidad y el honor. Lucha por el éxito y por eliminar la ridiculización de niños por parte de otros niños. Se le puede localizar en 2 Elm St., Chappaqua, NY 10514 o llamando al 914-238-3031.

Padre Brian Cavanaugh, TOR ha recopilado más de cuarenta tomos escritos a mano de citas, anécdotas y relatos. Haciendo uso de esta colección, escribe *Apple Seeds,* una misiva mensual de citas sobre la motivación y la inspiración. Estas citas dieron también origen a cuatro libros publicados por Paulist Press: *The Sower's Seeds: 100 Inspiring Stories for Preachers, Teachers and Public Speakers; More Sower's Seeds: Second Planting; Fresh Packet of Sower's Seeds: Third Planting* y *Sower's Seeds Aplenty: Stories of Wit, Whimsy and Wisdom.* Al padre Brian se le puede localizar en Franciscan University, Steubenville, OH 43952, o llamando al 614-283-6441.

Diana L. Chapman ha sido periodista durante más de once años y ha trabajado para periódicos como *LA Times, The San Diego Union* y *LA Copley Newspapers.* Se especializa en historias de interés humano que conmueven. En la actualidad trabaja en un libro de temas sobre la salud, ya que en 1993 se le diagnosticó esclerosis múltiple. Ha estado casada siete años y tiene un hijo, Herbert "Ryan" Hart. Se le puede localizar en 837 Elberon #3A, San Pedro, CA 90731, o llamando al 310-548-1192.

Cheryl L. Costello-Forshey es escritora especializada en poesía. Escribe memorias y también ofrece la idea de un regalo único llamada *Photographic Verse©.* Todo trabajo es original y personalizado. Para información respecto a cualquiera, envíe un SASE a 36240 S. 16th Rd., Barnesville, OH 43713.

Harold Courlander pasó gran parte de su vida recolectando cuentos populares de todo el mundo. Becario dos veces de la Fundación Guggenheim, es autor de más de treinta y cinco libros. Ha viajado desde Haití hasta el segregado Sur, desde las montañas de Etiopía hasta las mesetas hopi, para escuchar, aprender y reproducir los cuentos populares que son nuestra herencia común. En la primavera de 1997 Henry Holt editó una biografía de Courlander titulada *A Voice for the People*. Se puede solicitar llamando al 800-288-2131.

Al Covino llegó a ser entrenador de varios deportes, maestro sobresaliente y, al final de su carrera, director de escuela. Fue un astuto observador de la gente y reconoció la compasión y la amabilidad que mostraba en sus reacciones ante diversas situaciones. Al fue un amigo verdadero, un gran maestro, un gran entrenador y consejero. Creía en la importancia de ayudar a las personas.

Donald Curtis es autor de treinta éxitos de librería. El doctor Curtis fundó y construyó la iglesia Unidad de Dallas, una de las congregaciones metafísicas más grandes del mundo, donde fue ministro durante veintitrés años. Dejó ese puesto en 1993 para dedicarse por completo a escribir, dar conferencias y enseñar. Durante muchos años ha aparecido en televisión y radio, incluso en *Oprah!* Al doctor Curtis se le puede localizar en P.O. Box 258, Desert Hot Springs, CA 92240, o llamando al 800-428-2794.

Doris W. Davis es una escritora que aspira a distribuir libretos que glorifiquen a Dios y transformen la vida humana (incluso la propia), a través del poder curativo del drama. En Bozeman, Montana, está su hogar, aunque con regularidad reside en Los Ángeles cerca de sus cuatro hijos. Se le puede localizar en el 213-730-1329, o llamando al 406-585-9290.

Pamela J. deRoy reside en el sur de Wisconsin. Después de educar a sus hijos Scott y Lisa, y después de haber atendido a su finado esposo Bill, quien estuvo totalmente incapacitado durante once años, Pamela regresó a su primer amor: ¡la escritura! Haciendo malabares con su trabajo, el voluntariado y la escritura, en fecha reciente terminó un libro para niñas preadolescentes y está trabajando en varios cuentos cortos.

Dauna Easley es maestra, oradora y escritora independiente. Muestra especial interés en los temas de motivación y autoestima. Con regularidad se presenta como conferencista en convenciones para maestros, organizaciones de padres y grupos de mujeres. Es madre soltera de dos hijas. Su hija menor nació con parálisis cerebral y contrajo cáncer cerebral a los cinco años de edad. Su relato en este libro describe las importantes lecciones que su hija le enseñó. Se le puede localizar en 7929 Thistlewood Ct., West Chester, OH 45069, o llamando al 513-777-9056 o al 800-858-3324.

Susan G. Fey escribe para *The Corydon (Indiana) Democrat* y ha contribuido en diversos periódicos y revistas nacionales, entre las que se incluyen *Glamour, Ladies' Home Journal, The (Nashville) Tennessean* y *The (Indianapolis) Star.* Se le puede localizar en P.O. Box 126, Corydon, IN 47112.

Clifford y Jerie Furness aman al Señor, se aman entre sí y aman todas las parroquias a las que han sido asignados. Clifford ha sido ministro de la iglesia Metodista Unida desde 1959 y Jerie es su secretaria.

Janice M. Gibson es maestra y escritora independiente. Sus créditos publicados incluyen un poema para niños y diversos artículos para padres de niños de preescolar. Su mayor proyecto fue un esfuerzo conjunto con su esposo Greg: escribir las letras de las canciones de dinosaurios que él compone para niños. Para comprar una cinta, escriba a Dat's Music,

14906 E. Stanford Dr., Aurora, CO 80015, o llame al 303-699-4576.

Bob Greene es columnista de una agencia de noticias y ha publicado éxitos nacionales como *Hang Time: Be True to Your School* y, con su hermana, D.G. Fulford, *To Our Children's Children: Preserving Family Histories for Generations to Come.* Su último libro es *The 50-Year Dash: The Feelings, Foibles and Fears of Being Half-a-Century Old.*

Kathy Higgins es empleada de una compañía multinacional de la industria del entretenimiento para los ratos de ocio. Es miembro activo de Atlanta Unity Speakers, un club de Toastmasters International. Le gusta escribir y platicar, además de los deportes, como andar en bicicleta, correr, jugar raquetbol y salir de excursión.

Mary M. Jelinek ha sido enfermera diplomada por muchos años. Siempre lleva consigo una tarjeta de donador y habla en favor de este gran regalo. Poco se imaginó que su primera experiencia personal con la donación de órganos le llegaría a través de su primorosa hija de treinta y nueve años de edad.

Krista Lyn Johnson obtuvo en 1993 la licenciatura en artes, con altos honores, y la maestría en educación en la Universidad de Florida. Es maestra de jardín de niños en el sur de Florida. A Krista le gusta viajar, esquiar, nadar, cruzar ríos en balsa y trabajar con niños. Planea escribir libros inspiracionales para niños.

Paul Karrer ha publicado más de cuarenta cuentos cortos y artículos. Durante sus años universitarios fue maestro de jardín de niños en Corea, Inglaterra, Samoa americana, Samoa Occidental, Connecticut y California. En la actualidad es maestro de cuarto y quinto grados en Castroville, California. Se le puede localizar en 457 Archer St., Monterey, CA 93940, o llamando al 408-655-9877.

Ted Kruger es veterano de la Segunda Guerra Mundial y participó en cuatro invasiones en el norte de África, Sicilia, Italia y Utah Beach. Primero recibió el nombre de Israel Kurchetier, el cual cambió legalmente por el de Ted Kruger en 1945. Ted se retiró en 1982, y ahora, a la edad de setenta y siete años, se ha transformado en escritor independiente. Este es su primer material publicado.

Lih Yuh Kuo es una conocida diseñadora de modas de Nueva York y devota madre de tres niños. En 1996 recibió el premio Asian American Business Achievement por iniciar su compañía y la marca LIHLI, que produce hermosos trajes y vestidos de punto. Se le encuentra en 36 East 57th Street, Nueva York, NY 10022, o llamando al 718-937-5011.

Karrey Janvrin Lindenberg es maestra de educación especial en el sistema Iowa Community School de Fort Dodge. Es madre de dos varones, Andrew y Michael. Es miembro de la iglesia Presbiteriana. Karrey es graduada de la Universidad de Iowa con una maestría en artes del Morningside College en Sioux City, Iowa. A Karrey se le puede encontrar en 825 Forest Ave., Fort Dodge, IA 50501.

Patricia Lorenz, colaboradora frecuente de los libros *Chicken Soup,* es una escritora inspiradora en el "arte de vivir", columnista y oradora. De sus artículos e historias más de cuatrocientos han aparecido en setenta y cinco publicaciones, entre las que se incluyen *Reader's Digest, Guideposts, Woman's World, Working Mother* y *Single-Parent Family.* Es autora de dos libros, *Stuff That Matters for Single Parents* y *A Hug a Day for Single Parents,* editados por Servant Publications en Ann Arbor, Michigan. Se le puede escribir a 7457 S. Pennsylvania Ave., Oak Creek, WI 53154.

Harvey Mackay es autor de los éxitos No.1 del *New York Times: Swim with the Sharks Without Being Eaten Alive* y *Beware the Naked Man Who Offers You His Shirt.* Estos libros han sido traducidos a treinta y cinco idiomas y distribuidos en ochenta países. Su libro más reciente, *Sharkproof,* también fue un éxito de librería nacional. Harvey es columnista nacional en el United Features Syndicate, y sus artículos semanales aparecen en cincuenta periódicos por todo Estados Unidos. También es uno de los más populares y entretenidos oradores de negocios del país; dicta conferencias una vez a la semana ante compañías y asociaciones de Fortune 500. Harvey es presidente de la junta directiva y CEO de Mackay Envelope Corporation, una compañía de sesenta millones de dólares que fundó a la edad de veintiséis años. Asimismo, es socio de CogniTech Corp., una compañía de *software* con base en Atlanta que comercializa el sistema de control de contacto Sharkware.

Curt McAllister es especialista en relaciones públicas que vive en Detroit, Michigan. Asimismo, es ex periodista ganador de premios y escritor de artículos especiales.

Karen Nordling McCowan ha sido columnista para *The Register-Gard* de Eugene, Oregon, desde 1993. Antes de regresar a su estado natal, trabajó como columnista, escritora de artículos especiales y reportera para *The Arizona Republic* en Phoenix. Ha estado casada con Joel McCowan, profesor de matemáticas a nivel bachillerato durante veintidós años. Tiene dos hijas, Kelsey, de diecisiete años, y Keeley, de doce.

Mark Medoff es dramaturgo. Escribió muchos guiones para el espectáculo *Thirty Something* y escribió el libro y el guión de *Children of a Lesser God, The Homage That Follows* (que aparece en la película *Homage*), *Red Ryder, Stumps, Stephanie Hero* y muchas otras obras. Vive en Nuevo México.

Fue al bachillerato en Miami Beach. Sus obras se escenifican por todo Estados Unidos en teatros regionales.

Robert Tate Miller es escritor y sus libros se han publicado internacionalmente. Ha trabajado como escritor y productor de anuncios de televisión. Ha escrito cuatro argumentos y varios ensayos sobre sus primeros años de vida en un pequeño pueblo montañés de Carolina del Norte. Se le puede encontrar en 950 Hilgard Ave., Los Angeles, CA 90024.

Nancy Mitchell es directora de publicaciones del Grupo Canfield. Maneja los derechos y permisos de todos los proyectos de *Chicken Soup*. Ella y su hermana Patty son coautoras, con Jack y Mark, de *Chicken Soup for the Surviving Soul*. A Nancy se le puede escribir a P.O. Box 30880, Santa Barbara, CA 93130, o llamando al 800-237-8336.

Chick Moorman es director del Institute for Personal Power, una compañía de consultoría dedicada a proporcionar actividades de desarrollo profesional de alta calidad para educadores y padres. Todos los años atraviesa el país de extremo a extremo dirigiendo más de cien talleres sobre el aprendizaje cooperativo, cómo mejorar la autoestima y cómo enseñar respeto y responsabilidad. Su misión es ayudar a la gente a experimentar una mayor sensación de poder personal en sus vidas amorosas para que puedan, a su vez, capacitar a otros. Su último libro, *Where The Heart Is: Stories of Home and Family*, fomenta la fuerza de la familia, el amor, la tolerancia, la esperanza y el compromiso. Se puede pedir por 14.95 dólares a Personal Power Press, P.O. Box 5985, Saginaw, MI 48603, o llamando al 800-797-4133.

Janis A. Nark es enfermera, veterana de Vietnam, empresaria y conferencista. Al sobrevivir y destacar en seis profesiones diferentes, en tres continentes distintos y a través de dos guerras, Janis sabe lo que es la tensión y el cambio. Su especialidad es encontrar control en el caos y su pasión es proporcionar a otros humor, conciencia e intuición. Usted puede entrar en contacto con Janis llamando al 704-879-8080, o enviando un correo electrónico a: JanisNark@aol.com.

Anne Newell es detective retirada del Departamento de Policía de Anchorage. Ha creado programas de radio para la seguridad pública y ha hablado en diversos espacios sobre la seguridad, la motivación y la oratoria. Es miembro activo de Zonta International, International Training in Communication, HOBY, Anchorage Literacy Project y muchos proyectos de voluntariado basados en la comunidad. Usted puede entrar en contacto con Anne en el 907-337-7268, o por correo electrónico a anewell@aonline.com.

Varda One es una autoexploradora que traduce sus descubrimientos en ensayos, poemas, cuentos cortos, novelas, canciones y panfletos, muchos de los cuales se han publicado por todo el mundo. Su entretenimiento es reinventarse a sí misma haciendo lo imposible; sus valores son el crecimiento, el goce y el vigor juvenil, y su objetivo es vivir con salud y felicidad hasta los ciento un años. Se le puede localizar en 4218 A West 136th St., Hawthorne, CA 90250, o llamando al 310-978-0799.

Thomas Overton es el director de la unidad de negocios de Information Technologies en US West y presidente de una pequeña compañía de desarrollo de bienes raíces. Ha dado pláticas en universidades sobre como variar paradigmas y temas relacionados. Como líder comunitario, está involucrado en muchas organizaciones y actividades, como la presidencia de su club de servicio optimista. Tom, junto con su esposa de treinta y un años, reside en Denver, CO. Su mayor felicidad son sus cuatro hijos que están dejando su propia marca positiva en la sociedad.

Petey Parker es autora, entrenadora y conferencista nacional. Su libro más reciente, *Corporate Kitty Litter: Turning No Way Attitudes into Know-How Solutions,* habla de los problemas en la Norteamérica corporativa y proporciona soluciones que permiten que incluso una sola persona haga la diferencia. Las presentaciones de Petey abarcan la comunicación, la planeación, la estrategia, la formación de equipos y la motivación. Entre sus clientes se incluyen J. C. Penney, Texas Instruments, Chilton, GTE, McKinsey & Company y muchas asociaciones nacionales. Para más información llamar al 800-893-6601.

Sara Parker es maestra y escritora. Actualmente busca un editor para su libro de láminas para niños, mientras trabaja en una novela también para niños. Espera transmitir a sus lectores su optimismo y una perspectiva de la vida color de rosa. Se le puede encontrar en 614 Bonita Dr., Aptos, CA 95003.

Dave Pelzer llevó con orgullo la flama ceremonial para la Carrera de Relevos de la Antorcha Olímpica 1996, y fue el único estadounidense que recibió el premio Outstanding Young Person of the World en 1994. Dave viaja por todo Estados Unidos inspirando a otros para que vivan una vida productiva, rica y plena. Muchas veces apodado como "Robin Williams con lentes", nadie conmueve el corazón ni desafía el espíritu humano como lo hace Dave Pelzer. Para más información, escriba a P.O. Box 1385, Guerneville, CA 95446, o llame al 707-869-2877.

Jude Revoli es escritora independiente. Ha publicado en *D Magazine, The Dallas Morning News, Texas Visions* y otras publicaciones del área de Dallas-Fort Worth. Jude se está preparando para imprimir un volumen de poesía y continúa trabajando en otros proyectos. Su especialidad son las historias "de la vida real". Para información, comuníquese con Jude a 4021 Samuell Blvd., # 125, Mesquite, TX 75149, o llame al 972-329-7397.

Percy Ross es filántropo de fama internacional, columnista, autor y una personalidad del radio y la televisión. Después de hacerse millonario, se ha dedicado a dar dinero, consejo, estímulo y esperanza a personas de toda condición. Su columna periodística *Thanks A Million* aparece en más de 650 publicaciones. El señor Ross ha dicho públicamente que intenta dar su fortuna completa a lo largo de su vida y su dicho es: "El que da en vida... también sabe a dónde va".

Debbie Ross-Preston es representante de ventas de una empresa farmacéutica en el área de Seattle y se especializa en hablar en público ante las comunidades de cirugía plástica y dermatología. Ha estado trabajando hacia su primer maratón en vista de que ya terminó tres medios maratones, mientras, ella y su esposo, Kent, están en proceso de iniciar su familia.

Russell L. (Rusty) Schweickart es presidente y CEO de ALOHA Networks, Inc. (ANI), una compañía de tecnología de telecomunicaciones especializada en las comunicaciones de alto rendimiento, de acceso múltiple en banda ancha. Schweickart fue vicepresidente ejecutivo de CTA Commercial Systems, Inc. y director de Low Earth Orbit (LEO) Systems. El trabajo de telecomunicaciones y satélite de Schweickart lo ha involucrado en el desarrollo de los reglamentos y políticas de las comunicaciones internacionales.

Bonnie Shepherd, maestra en artes, es editora asociada de la revista *Focus on the Family.* Es autora de *Gestures of Love* y *A Bridge Called Compassion,* dos colecciones de cuentos cortos sobre personas comunes que realizan cosas extraordinarias. Obtuvo su grado de maestría en la Universidad de Illinois en Springfield, y vive en Monument, CO. Usted puede ponerse en contacto con Bonnie en P.O. Box 1713, Monument, CO 80132, o llamando al 719-488-1059.

El doctor Sidney B. Simon ha sido profesor durante cuarenta años y es profesor emérito en educación psicológica en la Universidad de Massachusetts. Fue pionero en la clarificación de los valores, ha escrito catorce libros y es conocido internacionalmente por sus seminarios y talleres. Ganador de premios por sus presentaciones, sus talleres tienen gran demanda. Cuando no está recorriendo el mundo en bicicleta, está navegando los mares en canoa o en la computadora conectado a Internet. Usted puede entrar en contacto con Sidney en 45 Old Mountain Rd., Hadley, MA 01035, o llamando al 413-584-4382.

Bill Simpson es pastor de la iglesia Metodista Unida, escritor y conferencista. Autor de tres libros y numerosos artículos, el doctor Simpson atiende como uno de los editores de la revista *The Living Pulpit.* Se le conoce por su trabajo en la historia de la iglesia hugonota. En la actualidad es pastor del más alto rango de la iglesia Metodista Unida Front Street, en Burlington, NC y se le puede localizar en Box 2597, Burlington, NC 27216, o llamando al 910-227-6263; correo electrónico: fsumc@netpath.net.

Joanna Slan es conferencista profesional de tiempo completo y autora. Cree que la vida que vivimos es la que creamos. Como presentadora de alto nivel, Joanna habla por todo el país y el mundo sobre temas relacionados con el género humano. Como comunicadora galardonada, su trabajo ha aparecido en periódicos, revistas y la televisión. Es autora de cuatro libros que incluyen *I'm Too Blessed to Be Depressed.* Joanna ha sido anfitriona de una mesa redonda en televisión, estudió con el doctor W. Edwards Deming y ha escrito conferencias para ejecutivos de varias naciones que trabajan para Chrysler-Mitsubishi. Joanna vive en St. Louis, Missouri, con su esposo David y su hijo Michael.

Shari Smith fue maestra de matemáticas de educación media en Texas y Florida, en la actualidad es directora de Desarrollo de Ingresos de la Sociedad Estadounidense de Cáncer en Austin, Texas. Su motivación para enseñar y ayudar a otros deriva de su amorosa familia, de los muchos estudiantes que le enseñaron valiosas lecciones y de su relación con Cristo. Al igual que "Thelma", Shari es optimista acerca del futuro.

Diane Brucato Thomas, fundadora del "Hawaii Institute for Wellness in Dentistry", es una "jardinera de encías" que "penetra a fondo" en lo que hace. Diane también posee el don de narrar historias. Sus representaciones en reuniones de personas de todas las edades han enriquecido muchas vidas. Diane y su familia viven en un lugar que ella llama "El café en los confines del mundo". Se le puede localizar en P.O. Box 2065, Pahoa, HI 96778.

Dolly Trout es residente del valle de San Joaquin y ha enseñado en escuelas del condado de Fresno durante veinticinco años. Obtuvo su maestría en educación especial de la Universidad Estatal de California en San Francisco. Además de maestra mentora de quinto grado, es una oradora entusiasta y dedicada que imparte seminarios de crecimiento personal y talleres experimentales sobre autoactualización. Dolly se formó como capacitadora en la clarificación de valores en la Universidad de San Diego bajo la experta guía del doctor Sidney y de Suzanne Simon. Es autora del libro *Toward Building a Better Future... A Guide to Adult Service Providers in Fresno County.*

Michele Vignola pasó cuatro años como activista política y coordinadora en el Comité de Defensa Leonard Peltier. Sus experiencias incluyen hablar en público, radio y televisión. En la actualidad reside en Lawrence, Kansas, y es maestra de arte dramático. También le gusta escribir.

Judy Walker nació en Birmingham, Alabama, y tiene tres hijos, una hija y un hijastro. Ha trabajado durante quince años en la Administración de Seguridad Social, y en la actualidad es representante de reclamaciones del SSI en la oficina de la ciudad de Oklahoma. Judy y su finado esposo, Robert, quien murió en el bombazo de la ciudad de Oklahoma, se mudaron en 1992 a la ciudad de Oklahoma desde Albuquerque, NM.

Ann E. Weeks ha ejercido la práctica privada como enfermera terapeuta familiar durante veintiún años. Trabaja con personas solas, parejas y familias que se ven afectadas por tensiones y transiciones de la vida. En sus años de práctica ha desarrollado diversas estrategias que facilitan la curación y el aprendizaje. El humor es una de las estrategias verdaderamente eficaces para "ayudar a tragar la medicina". La doctora Weeks es miembro de la Asociación Nacional de Oradores y de la Asociación Americana de Humor Terapéutico. Es una oradora de reconocimiento nacional que proporciona a su auditorio muchas estrategias cotidianas para curar las tensiones de las transiciones de la vida.

Sharon Whitley, ex maestra de educación especial, ha recibido diversos premios como escritora, incluso del *Atlantic Monthly*. Su trabajo ha aparecido en *Reader's Digest* (incluso en dieciocho ediciones internacionales), *Los Angeles Times Magazine, Guideposts* y *New Woman*. Se le puede localizar en 5666 Meredith Avenue, San Diego, CA 92120, o llamando al 619-583-7346.

Bettie B. Youngs, doctora en filosofía, diplomada en educación, es una conferencista internacional y consultora que vive en Del Mar, California. Es autora de catorce libros editados en veintiocho idiomas, entre los que se incluyen el éxito de librería *Values From the Heartland.* Su relato se obtuvo de *Gifts of the Heart* (Health Communications, Inc.). Usted puede localizar a Bettie escribiendo a 3060 Racetrack View Dr., Del Mar, CA 92014.

Permisos

Mi dinero (Money of My Own). Reimpreso con permiso de la editorial Health Communications, Inc., Deerfield Beach, Florida, de *Gifts of the Heart* de Bettie B. Youngs, ©1996 Bettie B. Youngs.

El bigote del tigre (The Tiger's Whisker). De *The Tiger's Whisker and Other Tales from Asia and the Pacific* de Harold Courlander, ©1959, 1987 de Harold Courlander. Reimpreso con permiso de Henry Holt & Co., Inc.

Hola, Cornelius (Hi, Cornelius). Reimpreso con permiso de Bob Greene. Condensado de *Hang Time: Days and Dreams with Michael Jordan.* ©1992 Bob Greene.

Ayuda por operadora (Directory Assistance). Reimpreso con permiso de Joanna Slan. ©1996 Joanna Slan.

Manos frías (Cold Hands). Reimpreso con permiso de Joyce Andresen. ©1996 Joyce Andresen.

El ángel del maderamen (The Woodwork Angel). Reimpreso con permiso de Varda One. ©1996 Varda One.

La caja número once (The 11th Box). Reimpreso con permiso del pastor Bill Simpson. ©1994 Bill Simpson.

No me ignores (Don't Pass Me By). Reimpreso con permiso de Jude Revoli. ©1996 Jude Revoli.

Una subasta de corazón (Bidding from the Heart). Reimpreso con permiso de *The Columbus (Ohio) Dispatch.* ©1996 *The Columbus Dispatch.*

Pide la luna y obténla (Ask for the Moon and Get It). Reimpreso con permiso de Percy Ross. ©1994 Percy Ross.

Lecciones de beisbol (Lessons in Baseball). Reimpreso con permiso de Chick Moorman. ©1996 Chick Moorman.

Una pesca de por vida (Catch of a Lifetime). Reimpreso con permiso del *Minneapolis Star Tribune*.

Cartas a Eileen (Letters to Eileen). Reimpreso con permiso de Ann E. Weeks. ©1996 Ann E. Weeks.

Nombres y adverbios (Nouns and Adverbs) y *Una madre está esperando (A Mother Is Waiting)*. Reimpresos con permiso de New Leaf Press. ©1996 New Leaf Press.

En esa nota (On That Note). Reimpreso con permiso de Krista Lyn Johnson. ©1996 Krista Lyn Johnson.

Una cuestión de honor (A Matter of Honor). Reimpreso con permiso de Dave Pelzer. ©1996 Dave Pelzer.

El plan de estudios (The Lesson Plan). Reimpreso con permiso de la hermana Carleen Brennan. ©1996 hermana Carleen Brennan.

La mejor maestra de mi vida (The Greatest Teacher of My Life). Reimpreso con permiso de Dauna Easley. ©1996 Dauna Easley.

Un tesoro a tiempo (A Treasure in Time). Reimpreso con permiso de Judy Walker. ©1996 Judy Walker.

Ya no me traiga flores (You Don't Bring Me Flowers, Anymore) y *Henri Dunant (Henri Dunant)*. Reimpresos con permiso de The Economics Press. Condensados de *Bits & Pieces*. ©1996 The Economics Press.